U0054024

羅崇博、信報分析團隊 著

序言1

投資需良好心理質素

小弟在環球球金融市場已40多年，接受中外電視台/電台/報章訪問也超過30年，認識很多不同範疇的世界各地朋友。相識是緣份，能夠定期會面更是福份；到現在還能定期詳談及互相交流的，為數實在不太多，而羅崇博先生（杜比）就是其中一位。箇中原因，當然是緣份，還包括隨和的性格、坦誠的交談、敏鋭的觸角、冷靜的心態，以及共同的信念：華仁精神。

20多年前杜比已是知名財經記者，常常訪問小弟。言談間得悉他是九龍華仁書院師弟，華仁舊生凝聚之力量更顯親切，對環球政經的交流就愈顯坦白，實是相輔相成，其利無窮。

6年前小弟出的新書《股海良策》，是特意將過去37年在環球股市的經驗和心得與讀者分享，很榮幸成功邀請了不同年代和各個界別的翹楚好友作序，讓有緣的讀者更明白前因後果之箇中精髓，咀嚼入味，得以融會貫通，如何趨吉避凶。出版1500本，托有緣人鴻福，首兩月在主要書局已售罄；為回饋社會，全書收益撥作慈善用途。杜比是12位「作序」好友之一，在此再次感謝。

這次杜比出新書《實戰贏家》，獲邀請為作序之一，實感榮幸。投資是藝術，除了具備學識、智慧和觸覺外，更要有良好的心理質素。以前經濟全球一體化，現時卻呈半球化，甚至多極化，必須與時並進，用新思維衡量金融市場的變化。定要留意時事，冷靜分析，適時獲利，嚴守止蝕。書中提及的短、中、長線投資技巧及心理應對能力，深入淺出，易於吸收。細嚼《實戰贏家》之後，讀者將獲得眼界上的擴闊、心靈上的洗滌、思想上的衝擊，達致層次上的提升……

黎永良

資深國際投資顧問、

香港大學理學院80周年傑出校友、

九龍華仁書院80周年傑出校友

序言2

戰勝投資路上的大敵

香港人能夠生活在國際金融中心，本身就是一種福氣，因為我們可以透過自己的股票市場 ，參與各經濟體最前端公司的成長。

誠然，大部分投資者並非一帆風順，在過去10多年都未能獲得理想回報，港股更是愈來愈難以捉摸，地緣政治、內地政策、A股化等因素導致投資難度大增。假如大家沒有足夠的知識裝備自己，股票市場就等同賭場一樣，置身其中反而是一種咀咒。

投資是一門藝術，也是一種科學。很高興見到中學同窗兼投資高手羅崇博（杜比）推出最新著作《實戰贏家》，幫助讀者探索自己的性格特點，並提供一個系統性的方法，以便大家能夠在投資過程中作出明智的決策。投資路上最大的敵人不是大鱷、老千，而是自己的心魔。只有了解自己的優勢和弱點，才能在市場中找到適合自己的投資風格。

投資並非一條平坦的道路，我相信每一個挫折都是成長的機會。只有從挫敗中不斷學習和成長，才能獲得最終的勝利。無論您是短線炒家，還是中長期投資者，市場總是有機會的。希望讀者能夠透過本書，戰勝自我，戰勝市場！

Alex Au, CFA
石壁投資管理有限公司 投資總監

序言3

系統化訊號輔助投資

喜見杜比新書出版，本人實在期待已久，這本書與坊間的股票投資書不同之處，在於它是由一位實際從事股票投資多年的實戰者所寫，而不是由理論家或學者所寫。作者透過自己的豐富交易經驗和實戰操作，分享了許多實用技巧和策略，讓讀者可以從實戰中學習。

書的內容包括了幾個關鍵方面。首先，作者強調了個人性格的了解。這是非常重要的，這是其他股票投資書籍所缺乏的。因為了解自己的性格和風格，才能選擇適合自己的投資策略，從而提高成功的機會。

另一個讓這本書與其他股票投資書籍不同的地方是，作者介紹利用EJFQ系統化訊號輔助投資，而不是憑感覺或直覺做出決策。系統化訊號是利用數據和技術分析，發現股票市場的趨勢和變化的方法。使用系統化訊號能夠讓投資者更加客觀地看待市場，並且更有效地把握投資機會。

在這本書籍中，作者結合了系統化訊號的應用與實際交易操作，並且分享自己在系統化訊號輔助下的交易經驗和技巧。這些實用的技巧和策略不僅能夠幫助投資者更好地理解市場趨勢，還能夠在投資時做出更為明智的決策，減少風險和提高收益。

總體而言，這本書籍是一本非常生動、具有實用性且實戰性強的股票實戰交易指南，將會幫助您了解如何在股票市場上獲得利潤，並且讓您更加自信地進行投資，提高您的財富水平。

曾秋明
EJFQ項目經理

編者序

從性格到「勝格」

人生旅途上有兩件事總是避不開的：減肥與理財，前者是為了身體健康，後者重要性似乎略有不及，但一旦忽略必然影響生活質素。

股票投資是理財中的關鍵的部分，對本港股民而言，「炒邊隻」或許更是生活的日常，而持有哪一隻值得「長揸收息」，相信是人口老齡化後、愈來愈步入退休者最想拿到的一個或幾個「冧把」。簡而言之，股市與您息息相關，問題是究竟如何抉擇，是置之不理、愛理不理，還是積極管理。假如您屬於後者，可能看過坊間不少投資工具書，至於能否找到致勝之道，卻不盡然。

事實上，投資市場瞬息萬變，個人特性卻「三歲定八十」，變化極少甚至無從改變，所以想提高勝算，首要了解的是本身性格。必須強調的是，世界上沒有不適合投資的性格，只有不了解自己個性的投資者，又誤用了殊不擅長的技巧或產品。因此，認清本身特質，尋找合用的工具，便是致勝之道。

《實戰贏家》作者羅崇博（杜比）今次從「九型人格」出發，透過這個在全球廣泛採用於分析個人性格特徵的方法，闡釋9種個性者的優點和不足之處，其目的不是確認或否定哪種類型在投資路上會相對容易致勝，而是建議每位投資者認清本身特質，針對強項或弱點，制定適合而勝算較高的策略。

當然，找到因應自己特性的戰術，也需擁有多元化的兵器。擁有多年股市實戰經驗、安度多番牛熊起跌的杜比，將在本書介紹幾套揀選股份的方法，並提供入市還有離場的建議，而且分為長中短線作詳細介紹，期望無論是哪一種型格者，都可以制定進攻或防守的模式，以適應變化多端的市場狀況，在實戰上，成為贏家。

序言5

散戶要與世界股市接軌

執筆之時，卻首次遇上新冠，正處獨居隔離，這場世紀疫情，不單玩轉地球，更顛覆所有。

過往公事以外，甚少會用到的視像會議，在疫情下已極速當紅，雖則疫後復常，但明顯跨國商務客已比疫情前少。另一個便是手機外賣Apps，已大大改善人類飲食習慣，眼見疫後餐廳晚市大不如前。

對金融市場影響威力更大，若不是全球央行聯手救市，股市恐怕早已墮崖，更不會造就發夢股，以及女股神伍德（Cathie Wood）的出現，也因為這場疫情推高運輸成本，連同俄烏戰爭及央行狂印鈔，最終中央銀行要大力加息壓通脹，也令發夢股好夢爆破。

英諺有云：When God closes a door, he must open another window，金融市場正正如此。還記得中概科網被監管問題困擾而急跌，但正正是電池光伏股寧德時代、陽光電源、隆基等發圍之時，又例如2022年全球股債雙殺，那邊廂息口持續向上，只要轉做定期存款，就已經可以輕鬆跑贏大市。

金融市場不斷變化，每個時代有每個年代不同打法，正如英超領隊也不會用死一套442陣式，當遇上強敵時，強攻夾硬爭取正回報，最終只會做炮灰，應要轉打穩守的451甚至是無鋒陣，但當遇到魚腩時，又何妨進取擺出一個全攻陣。

由攻轉守再從守轉攻，更要在悶市下抽離忍手，看似簡單無甚變化，但過去3年捉不緊以上節奏便足以進退失據，陷入捱打甚至跌入不可挽救局面，要知道一旦輸了五成本金，便要倒賺一倍才能回本。

尤其是中美關係或出現變化，在互聯網年代散戶不能坐以待斃只局限港股投資，散戶更應要擴大投資視野，不論A股、美股、日股、韓股或歐股，總之要與全球股市互聯互通。

最後，借用今次機會，十分感恩有個很快樂溫暖的家庭，米飯班主尹師奶經常給予無數意見及支持，也有一個可愛女兒在悶市時常常帶來無比的歡樂，亦期望住在海外的父母，可快快樂樂享受退休生活。

尹德政
信報高級分析員

序言6

攜手邁向實戰贏家

很高興再有機會出書，太多有關炒股的點滴想跟大家分享，寫書過程總是貪心的，希望顧及不同類型的投資者，涵蓋短中長策略。投資實在太過人化了，坊間大量財經書、又或者近乎泛濫的投資課程，又有否為你度身訂造，看完也不知怎樣具體操作，又或者根本不適合你。最後又是依從阿Sir指示，而不是運用適合你的交易系統。

面對自己

所以，投資最重要還是先了解自己，找出問題核心。為何投資總是輸多贏少，港股長期表現不濟當然很自然是最大藉口，但其實歸根究柢都是自身問題。若果訪問100個專業投資者，講出10個投資失敗的原因，相信「不願止蝕」肯定得票不少。「鴕鳥心態」害死人，逃避不是解決問題的辦法。

管理心態

本港「女飛魚」何詩蓓講得很對，她在東京奧運奪得女子100米自由泳銀牌，賽後強調「比賽80%是心態，20%是體能」。投資也是一樣，基本/技術分析即使研究得多用心，落場心態管理才是關鍵。這本《實戰贏家》比前作《勢在必行》更人性化、更着重實戰分享。「九型人格」互相並無優劣之分，但各自本身卻有「健康」和「不健康」的狀況，你必須昇華到具備「勝格」，才有條件駕馭股市。

港股主場

面對可能較長時間相對高息環境，股票投資仍甚具挑戰。不過，港股依然會是我的主戰場，交易時段亦是我們每天精神最旺盛的時候，也許自己是一條飢餓的鯊魚，對交易機會特別敏感，即使政經雜音處處，但不少個股最終仍能走出自己的強勢。與此同時，發展愈見成熟的槓桿ETF及牛熊證等工具，讓你直通其他市場，多元配置，借力打力。筆者每早的投資專欄透過主理「億元倉」，展示高像真度及具操作性之場景，勇敢面對時刻的不確定性，分享掌握節奏及注碼管理的重要性。

擁抱AI

有專家説過，未來可能只有3種人能夠對抗人工智能（AI），就是資本家、科學家、明星。分析員也許有一天會被AI所取代，但我本身是投資者，將來會好好利用AI提升實力，與大家一起成為更強的專業散戶，有天晉身資本家行列。總之，未來滿希望，錢路由你創！

無言感激

感謝兩位財經界猛人兼校友——黎永良先生及Alex Au為新書撰序，你們的金石良言實乃讀者之福。感謝《信報》總編輯郭艷明小姐，以及財務總裁陳健聰先生兩位多年來的提攜、指導及包容，給我空間去嘗試和突破。

一直相信組建投資團隊的重要，感謝尹德政（Ricky）的協助，豐富了此書第五部分；感謝曾秋明先生這位EJFQ系統的「總工程師」，經常令我獲益良多。感謝《信報出版社》李海潮先生和編輯吳桂生的包容。

最後，多謝直播節目俾Like留言的每一位觀眾朋友，以及EJFQ分享區留言的用戶們，你們的支持讓我們更有動力前行。我跟大家一樣不會錯過能讓自己進步的機會，這本書是邁向實戰贏家的大道，還有更多緣份讓大家一起馳騁股場。

羅崇博（杜比）

2023年5月

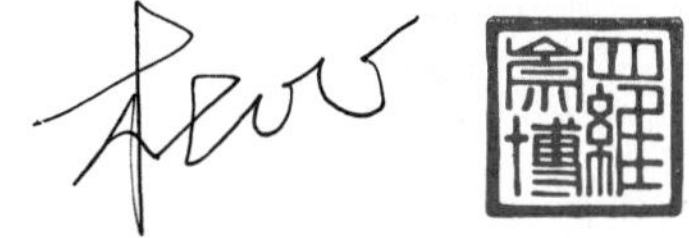

目錄

第二章 /
短線能手 ── 你就是速度大師

第三章 /
中線投資 ── 掌握時機及節奏

第四章 ／
長跑好手是這樣煉成的

第五章 ／
主題篇

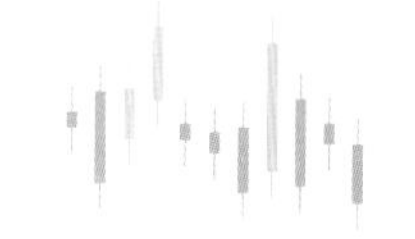

第一章／

贏家必備——人貴自知，自知者明

性格問題往往才是投資股票失敗的致命傷，快來了解你是屬於「九型人格」的哪種型號，作出改變，成就贏家「勝格」。

1/ 人貴自知，通往「勝格」之路

古有明訓：「人貴自知，自知者明。」在股場上尤其要時刻警惕，人要有自知之明：明白自己能力所在，才不會不自量力的去做遠超自己能力之外的事情。

在股場上，很多事情並非表面上的那麼簡單，有些錢是你不可能賺到的，人不可妄自菲薄，但也不可太高估自己。

有自知之明的人不會自大，還懂得尊重和包容，能屈能伸。每個人若能從自我了解做起，嚴以律己、寬以待人、知足常樂，必能活得舒服，結交好友，不會讓自己常轉牛角尖，這都有助建立良好的投資心態。怎樣的想法，就會有怎樣的行為，行為成為習慣後，必然會影響性格，進而主宰着人生的命運。

能夠自知是一項很了不起的能力，只是這項能力未必每個人都具

備，做人要清楚自己的優點和弱點，知道優點後要盡量發揮，反之弱點要盡量避開，最好能夠改進。

「九型人格」分析為何重要？

《實戰贏家》把「九型人格」（Enneagram）分析放在本書開首部分，突顯其重要性。因為，性格決定投資風格，而若果存在性格缺陷，對長遠投資績效必定有極大影響，甚至可以説是「長玩必輸」！

你學盡所有的經濟學理論，緊貼宏觀經濟數據，勤力去做公司財報分析，熟悉各類技術分析方法，但最後作出投資決定的是自己，很多時嘴巴講一套，做的卻是另一套。「落場見真章」，究竟最終你是後知後覺不忿氣地高追，未有方向時亂衝亂撞，還是確認轉弱後還死不認輸做鴕鳥；又或者中途出現消息面變化，卻選擇視而不見，還是過度反應？

你愈是想贏，就愈不想虧；你愈愛面子、就愈不會承認失敗；你愈想盡快取得成功，就愈想一注獨贏；你愈想完美，你愈易繃緊煩躁；你愈愛玩即興，愈易衝動行事；你以為分析得透徹，其實世界不停在變……。

「九型人格」是一個近年來倍受美國史丹福大學等國際著名大學MBA學員推崇並成為現今最熱門的課程之一，近20年來已風行歐美學術界及工商界。全球500強企業的管理層均有研習9個類型性格，並以此培訓員工，建立團隊，提高執行力。你需要以包容的態度學習「九型人格」，把問題盡量放回自己身上，踏出投資贏家的重要一步。認清「勝格」，操盤長勝！

之後，我們將把「九型人格」逐個重點向你解釋，並且融入到投資心理上。你不用急於找出自己屬於哪個型號；也不要直接指出別人的型號，不需要把人家「定型」，勿對號入座，先做好自己吧！

當然，你可以選擇不去改變——
「我就是這樣性格的人啊，很難改變的，所以你別怪我。」

不過，你選擇作出改變後——
「你變咗喎，很喜歡現在的你！」

2/ 1號完美型 太重對與錯

「九型人格」的1號是完美型，又稱完美主義者（Perfectionist）、改革者（Reformer）。

「1號仔」的核心需要是「做對的事情」，行為上堅持做他們認為是對的事情，很着重對與錯，着緊事情本身，多於人的感受。他們很盡責、跟規矩、重原則、講求自律、黑白分明，但往往很執着。正因為事事追求完美，他們很少講出稱讚的説話，較多時候只有批評。

例如，「1號仔」的家庭成員「稍有不慎」把東西沒放好，他就會直接指摘對方「無手尾」，責令立即做回對的情況，即把東西放回原位，懶理對方話因為太忙一時忘記做妥，「請你不要找藉口，錯就是錯！」

很多完美型的朋友是環保支持者，並且身體力行，推動別人也跟自己一樣愛護環境，不平則鳴；他們也常常站在道德高地，也有些在政見上抱有堅持。

完美型內心有把挑剔的聲音，希望別人也能達到心目中的標準，但往往會給自己壓力，凡事表現緊張，面部表情經常綳緊，不太寬容。會很難放鬆自己去盡情的玩、開心的笑。

隨着在社會愈久，部分「1號仔」也明白到世界很多事情都很難做到完美，逐漸淡化並接受存在灰色地帶的事實，他們變得較為正能量、靈活，沒有之前那麼執着。當然，其實他們始終仍是1號型，內心總有一把尺，只是未必再處處都斤斤計較。

説到理財投資，根據美國調研超過5.8萬名被訪者的性格及職場研究公司Truity指出，1號完美型、5號思考型、6號忠誠型都是最可能擔心沒有足夠積蓄應付未來生活（包括退休及子女升學）的型格，他們傾向「賺幾多，儲幾多」，不太捨得花錢，一年最大陣仗就是安排家庭旅行，且左計右計；因為他們只會「做對的事」，而未雨綢繆就是正確的理財觀。

愛股也要準備止蝕

至於買股票，他們會比較審慎，怕自己做錯，不會投放太多，較傾向中長線投資，因為一般不會冒上很大風險，認為「投機炒賣」

是錯的事情。他們特別會對認為是好的公司鍾情，例如較年長的「1號仔」會喜歡買滙豐控股（00005）、領展（00823），又或者長揸中華煤氣（00003）收息收紅股；七十後、八十後則可能喜歡長線投資外國股票例如蘋果公司、Google母公司Alphabet、微軟，這些他們認為很偉大的企業，以至標普500指數相關ETF。

在1號完美型投資股票時，有以下意見供參考：

一、有時不要太過一成不變，以往認為是好的公司可能正開始失去光環，面對經營上難以克服的挑戰，所以必須加多檢視，在單一股票上持倉比重不要太多。

二、可能較難接受投資虧損，認為在人生中多了「不完美」，所以即使他們的「愛股」已呈明顯下行趨勢，「1號仔」仍會選擇繼續持有，因為一日未沽出，一日仍未算失敗，説不定總有一天能升回買入位。你其實要明白，入得股場，就注定要面對不如預期的日子，要以平常心面對，而止蝕是交易最平常不過的事，否則一旦買錯股票，不肯止蝕，便積累大量「陳年蟹貨」。

三、較年輕的「1號仔」投資者可能會對一些有願景，特別是他們認為值得支持、對環境保護、解決糧食問題作出革命性改變的「良心」企業，願意買入這些公司的股票，認為前景將會很好。但你需要知道，支持不代表要買它們的股票，業績交出合理盈利才最重要，更何況具革命性的公司往往伴隨高風險，投資絕對不宜感情用事。

四、不妨多跟已進化的健康1號完美型做朋友，調節對事情的看法，輕鬆面對！

3/ 2號助人型 小心遇人不淑

九型人格的2號是助人型（Helper），又叫博愛型、給予者（Giver）、協助者（Caregiver）。

2號助人型本性善良，通常很感性、熱心、樂於助人，所以人緣很好，朋友很多。其實他們核心需要是別人的愛。他們有愛心、慷慨、感恩、友善取悅人、喜歡看小說心靈類讀物、看情感電影，參與宗教信仰。

「2號仔」很關心別人，對別人的需要很敏感，例如他們知道你生病，會叫你戒口、多休息、多喝水。你發現得了「三高」，甚至要服糖尿藥，他們就會搜集很多有用資訊給你，叫你多做運動，什麼東西不要吃，要多吃什麼，甚至介紹醫生給你。

他們總是試圖滿足他人的需要，擅長與人的交際。但是，他們對別人的要求很難說「不」，在工作上可能比較易吃虧。他們不喜歡沒有人情味的工作環境，處最佳狀態時他們會有同理心，幫助團隊建立更緊密的關係。也有一些「2號仔」喜歡與強勢人物交往，希望得到對方的保護，藉此在團體中擁有穩定的地位。

2號助人型常把別人的事放在前面，為別人的需要努力付出自己所有。而忙碌中常忘掉自己的需要。你總覺得一天的時間不夠分配，有那麼多計劃該做的事，卻又心有餘而力不足。

由於「2號仔」不容易承認自己的需要，也難以向別人尋求幫助，所以總是無意識地通過人際關係來滿足自己的需要，而且在自己最為人所需的時候感到最快樂。他們善於付出更勝於接受，有時候會操控別人。若果付出了很多而又不被重視，不被感激時，就可能會有嚴重的空虛感及怨恨感。他們的佔有慾強，很想完全擁有對方，往往妒忌心重，伴侶望着異性也不高興。感情方面一旦遭到背叛，對他/她們的損害都特別大。

不要跟股票談戀愛

金錢觀方面，Truity調查發現，「2號仔」收入水平在九類人格中屬於較低的一群，這可能與他們一般沒有「要賺很多錢」的野心有關。對他們來說，金錢是一個途徑去關愛他人，又或製造機會與人聯繫，金錢本身並非一個目標。此外，2號助人型多數表示「賺多少就花多少」，省下來能儲起的錢不多，但他們與7號享樂

型有很大分別，就是「2號仔」一般多花在家庭成員上，因為他們往往是家庭的看顧人（family caretakers），為幼、老、病者付出。

隨着在社會日子久了，自己年紀也不輕了，2號助人型會進化到逐漸懂得愛自己，又或做些投資；不過，由於並不傾向追逐名利，策略一般並不急進，對市場消息特別是數字方面反應並不敏鋭，較適合做長線投資。

在2號助人型投資股票時，有以下意見供參考：

一、理財顧問或銷售員最喜歡遇到你們，因為「2號仔」容易心軟，在知識上一般不會提出挑戰，又怕拒絕對方而得失了對方。所以「2號仔」要明白自己這個特質，小心在投資方面遇人不淑，今天社交平台太多善於包裝自己的「投資導師」了，勿誤墮入投資陷阱，要對疑點敏感些，做個精明投資者。

二、由於在投資方面往往不夠理性，易產生感情，要特別警惕「不要跟股票談戀愛」這句市場智慧，不要因為這隻股票是好朋友介紹的，於是不會隨便沽出。記住股票投資隨時會出現突發事件，自問不夠果斷，沒有止蝕意識的你，最好少做一筆過股票投資，特別是市值較細、財務透明度較低的股票更不宜沾手。

三、建議更認真學習投資，了解產品風險，培養投資方面有獨立分析能力，可以多參加具規模的投資講座，聽聽有豐富經驗的名家心得。當然，「2號仔」把積蓄做保守投資或存在銀行收息仍是較好的做法。做任何投資前，可向真正信得過的朋友徵詢意見。

4/ 3號成就型 謹記欲速則不達

九型人格的3號是成就型(Achieiver),又稱「實踐型」(Performer)。

3號成就型的核心需要是設法達致成功,躋身「人生勝利組」。他們從小就認為只有勝利者才值得擁有他人的愛,所以他們會忘記了自己的情感,一心要用出色的表現來獲得他們需要的愛。他們自信、野心勃勃、行動敏捷、熱心十足、適應力強、注意力集中;有同理心,能與人建立好關係。

「3號仔」知道如何按照顧客期望更有效率地完成工作。他們往往很有吸引力、迷人、精力充沛,説話圓滑有朝氣;渴望勝利,而且十分注重他人眼裏反映出的自身形象。

他們對自己所屬的團隊和企業都有很強的洞覺力,喜歡被人注意,經常被成功與威望的地位所吸引。

3號成就型樂於競爭，好勝心強，對地位和個人進步的需求促使他們成為工作狂，這一點可能導致他們為了保持領先的地位而走捷徑。在最佳狀態時，他們變得很有才華，令人欽佩，經常被人們看作是鼓舞士氣的模範。他們擁有樂觀性格，少少失敗絕不會打擊他們。

年輕的「3號仔」積極上進，會花時間考取不同專業資格，把自己履歷表做到更亮麗，好讓下一份工作能攀上另一個台階，獲得更高收入。

調查顯示，3號成就型在九型人格中屬高收入的一群，他們可能是很出色的銷售員、保險代理、理財顧問、星級基金經理，又或者是星級財演。他們同時很注意外表，懂得穿着打扮，目的是在人前展示成就，所以他們很捨得花錢置裝，或買名牌配飾，旅遊開支亦不少，有些也很樂於在社交平台上向朋友分享開心事。

鑽研技巧　也須累積經驗

其他型號有時覺得與「3號仔」格格不入，覺得他們總是自命不凡，愛吹噓自己，甚至説得天花龍鳳。不健康的3號成就型甚至工於心計，因為他們為了勝利可以不惜一切，放下自尊，成就自己。

投資方面，3號成就型不斷追求快速致富的方法，想採用最快最

有把握的方法，一般對股票投資很感興趣。他們在工作以外可能擁有副業，也有些直接選擇以「炒股」為副業，食「大茶飯」。為了達致成功，他們願意花時間鑽研投資技巧，或者花上過萬元報讀「投資名師」的炒股課程。

在市況向好時，「3號仔」不惜利用孖展槓桿，甚至借私人貸款。他們很精明，不會一成不變，經過多年炒股經驗，覺得每年炒出炒入到頭來都賺不到很多錢，甚至是虧多贏少。於是部分3號成就型會集中投資在他們確認價值被嚴重低估的股票上，博殘股他日大翻身，甚至博公司私有化。

在3號成就型投資股票時，以下意見可供參考：

一、因為時刻追求成功，着重得失，所以往往不擅長打「逆境波」，遇上股市長期低迷，他們起初會覺得是天大的創富機會，豈料愈買愈跌，愈跌愈買。他們未必有很強的止蝕紀律，因為止蝕等於承認失敗，於是多數選擇暗地裏繼續持有，等待股價他日能夠大翻身。

二、由於是機會主義者，遇上大牛市時，他們往往可以賺取可觀回報，但「時來運到」往往令他們感到飄飄然，錢亦沒有人嫌多，希望經驗的累積讓你懂得見好即收，牛市末期雞犬皆升，全民皆股時，要適時全身而退，小心「貪字得個貧」。

三、一般比較急進但應該明白「欲速則不達」的道理，投資經驗是需要累積的，花錢拜師學藝也不會令你立即變成炒股長勝將軍。更可況你是個大忙人，難抽出很多時間緊貼市場脈搏，EJFQ全方位股票分析系統可以是3號成就型朋友的投資導航，及時捕捉強勢股，獨家指標及大市數據讓你提升閱讀大市能力，省時高效。你們應該好好發揮自身優勢，尊重趨勢，敬畏市場，絕對可以成為投資贏家。

5/ 4號自我型 投資不愛隨俗

九型人格的4型號是自我型（Individualist），又稱藝術型（Artist）、浪漫者、憑感覺者。

4號自我型很有個性，忠於自己的感受，活在自己的世界，他們的核心需要是追求良好的感覺，「不被離棄」，總之感覺大過天。他們不斷「尋找自我」，會自我表露，容易感動、但情感很堅強。他們被高深的情緒經驗所吸引，表現出與眾不同的一面，並且渴望自己是獨特的。

他們喜愛藝術，可以涉及文學詩歌、小說、音樂、電影、戲劇、攝影、舞蹈、繪畫、雕塑等，且往往具有優秀的創造力，以表達個人與眾人的感受，可能以充滿靈感的藝術作品來表現，又或用煽情文字或有意境的攝影把自身經驗轉化成有價值的東西。

有很多人認為「4號仔」是最內向的人格，其實不然，反而可以是最外向，外向的4號自我型很容易結識朋友，內向的則充滿神秘感，沉默寡言，又往往「語不驚人死不休」。

「4號仔」有一種氣質：優雅，從衣着品味和外形上他們富有個人風格，有眼光而不落俗套，講究配搭和款式，有藝術家的氣質，有時會十分突出而令人震驚。他們通常會擁有一雙柔情似水的眼神，目光永遠是有所憧憬和凝視着遠方，有所思憶卻又感性而迷人；心情完全會影響他們的決定。

4號自我型比較憂鬱、傷感，容易緬懷過去不愉快的事，個人主義，享受孤獨。他們很容易陷入自己的情緒，卻能表現出高度的同情心，支持處於情緒痛苦中的人。另一方面，當處於感覺良好時，可以完全活在興奮的狀態，十分專注地做好一件事，深受愛戴。總之，「4號仔」的感覺是抽象的，理性者例如5號思考型的人相對不易明白4號型的內心世界。

金錢非誘因　選股重獨特

隨着在社會的日子久了，4號自我型明白為了生活要好好工作，就此他們的藝術天份往往被埋沒，其實這都是被迫的，根本不是他們最想要的生活。

根據Truity研究分析，事事講感覺的4號自我型可能是九型人格

中，作決定時最不把金錢視作誘因的類型，他們花錢不太講求預算，有時候想買就買！一般並不熱中於股票投資，很難想像他們會把與金錢有關的財經話題放到自己的社交平台上。

投資方面，「4號仔」往往比較自我，不愛隨波逐流，也喜歡做別人少做的選擇，就算職業是分析師，他可能只對自己有興趣的產業才專注分析，有自己獨特喜好。

在4號自我型投資股票時，有以下意見供參考：

一、4號自我型多憑感覺行事，骨子裏有藝術家的執着，當他們對某隻股票產生感情後，就不會輕言拋棄，他們不太需要別人認同，只會覺得你不懂得欣賞；甚至行業出現負面消息，他們也會當作等閒事，不會動搖對該股票看好的核心邏輯。不過，記住你的固執不會改變事實，小心與很多投資者都一樣犯上的「確認偏誤」(confirmation bias)，即自動收集一切有利的證據，支持自己的假設或想法，自動忽略不利、矛盾的資訊，以片面證據支持自己的念頭。

二、基於往往對品牌有相當認識，頗能掌握時尚趨勢，具有「市場觸覺」，你們可能擅長發掘與生活相關的股票，又可能是為難治之症帶來希望的生物醫藥股，也可能比其他人早一步捕捉潛在爆升的中型股。若果你身邊有4號自我型的選股高手，不妨聽聽他們的另類看法。

6/ 5號思考型 重分析多於實戰

九型人格的5號是思考型（Observer），又稱觀察者、智慧型或理智型。

5號思考型的核心需要是「資源」，特別是知識。他們喜歡觀察，冷靜思考，博學多聞，條理分明，但沉默內向。他們是精力充沛的學習者和實驗家，特別是在專業技術領域，喜歡跟從他們的好奇心去理解細節，探索原理。

「5號仔」有很強的分析能力，鍾情於探索發現，有學問、表達含蓄，可能兒時已經很喜歡學習，考試常常名列前茅。他們求知慾強，創新，在最佳狀態時變得有遠見，能夠把全新的理念帶到工作中。

他們注重隱私、內斂，喜歡獨立工作，社交並不活躍，普通的溝

通上一般只會簡撮地講出重點，不愛閒話家常，盡量減少接觸及保護自己的私人空間，在他人面前控制感覺，一旦話題涉及感情，便會避開。等到自己一個人的時候，才會表露情感。

5號思考型不健康狀態時可能會變得傲慢，不與他人溝通，緊張資源，很愛計算，自己付出多少資源（例如時間），就要去換取其他資源。

收入水平高　不熱中投資

「5號仔」往往是九型人格中收入水平較高的一群，隨着在社會日子久了或年長了，生活上沒那麼繃緊，性格或會有所進化，表現會自然些，多了笑容。

對於5號思考型，金錢並不是他們的核心需要，不太熱中於買賣股票，寧願花時間在分析宏觀經濟，喜歡作出一系列的預測，看最後能成功預測多少。他們會爭取時間，報讀一些更感興趣的學科，追求新知識，他們便會感到快樂。

他們可能故意不參與股票投資，目的是在進行分析時更為中立，他們的投資一般以長線為主，以期待他們的分析能夠在投資回報上兌現。

在5號思考型投資股票時，有以下意見供參考：

一、思考多於執行，你可能要明白，世事無絕對，出現A情況不一定出現B結果，不同時間，主導市場的因素也會不同。

二、不少對研究投資有濃厚興趣的5號思考型，反覆就不同技術策略進行回溯測試（back-test），目的為建立贏面大，甚至能長期打敗市場的量化模型。建議嘗試與不同類型的投資者交流，多參與實戰討論，可能得着更多。

三、5號思考型與1號完美型往往在股票投資理念方面相似，分析得來的結果，可能發現很多股票都不值投資，所以抽離市場也可以理解，風格保守穩健，所以其實也沒必要教他們如何進行股票買賣。

7/ 6號忠誠型 危機感最強

九型人格的6號是忠誠型（Loyalist），又稱「懷疑型」，另一個較準確的叫法是「Loyal Skeptic」。

6號忠誠型是屬於一個「腦中心」（Head center）的型號，都會思考分析事情，他們負責任，重視承諾，處事小心謹慎，盡忠職守；尊重體制，尊重規則；機智、務實。他們很愛整齊乾淨，甚至近乎潔癖。

「6號仔」防禦心重，身體語言繃緊僵硬，往往缺乏自信，懼怕被遺棄或是得不到支持，所以時常很焦慮。他們的核心需要是安全感，因此當遇到新的人和事，往往令他們產生不安感覺，頗在意對方是否值得信任。基於這種恐懼不安，凡事會作最壞打算，相對悲觀，也較易選擇逃避了事。他們往往被人取笑「船頭驚鬼，船尾驚賊」。

他們一般不喜歡受人注視，寧願安於現狀，不喜轉換新環境，與人講話時偏向長篇大論，着重細節，意見上往往留有餘地，很少說「絕對」、「一定」等肯定的字眼。

6號忠誠型性格時有矛盾，例如一時順從，一時反抗，情況可以突然變得暴躁。他們如果能夠達到別人對他的期待，就會感到很棒，終極目標就是希望別人的肯定。相反，別人對我感到失望，就會導致關係瓦解。

懂未雨綢繆　不適宜股市

金錢觀方面，6號忠誠型精打細算，量入為出，由於危機意識夠強，怕將來不夠錢退休或供子女升學，所以都能未雨綢繆。投資策略多數傾向保守，比其他投資者更焦慮，喜歡以「陰謀論」看事情，不輕易做買賣決定。

他們可能是九型人格當中，最不願意參與股市的類型，因為股市充滿不確定性；不必多費唇舌向他們推銷帶有投資風險的產品。他們自有累積財富的方法，例如強積金會最大比例投資於保本或保證基金，也會做定期存款、存款證、黃金等。他們對四周潛伏的危機特別敏感，如果出現大型股災，他們可能最不易受到影響。

在6號忠誠型股票投資時，有以下意見供參考：

一、即使安份守己，往往有自知之明，知道不適合參與本身就充滿不確定性的股票投資，但可能在大牛市時受到身邊朋友或親戚影響，或忍不住入場，惟要小心多疑的性格，往往因害怕做錯決定，猶豫不決，當市況逆轉時，沒有果斷止賺止蝕。

二、處事謹慎是優點，基本不擔心你們會墮入投資騙局，不過最好還是自己主動增進投資知識，面對未來AI年代下的職場挑戰，要好好裝備自己。

三、部分會選擇相信權威，但世上沒有水晶球，權威專家也不能盡信。

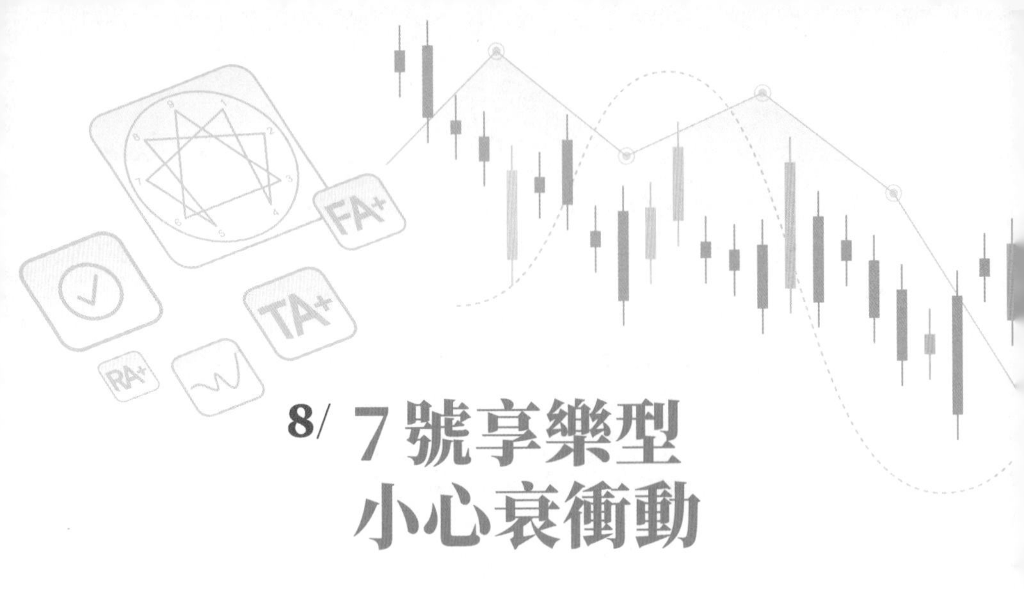

8/ 7號享樂型 小心衰衝動

九型人格的7號是享樂型（Enthusiast），又稱活潑型、快樂主義型、冒險家（Adventurer）。

「7號仔」的核心驅動力源於對快樂的渴望。他們性格外向、主動，喜歡新鮮、好玩、自由自在、開心快樂的生活。樂觀隨性、充滿好奇、富有活力，對於一切吸引他們注意的事物充滿熱情。他們思維靈活敏捷、具創意，在團隊中擅長「腦震盪」（Brain Storming），興趣極為廣泛，在各個領域都有豐富的基本知識，學東西往往比其他人快，喜歡把訊息相互關聯，他們很多是搞創意的策劃人。

7號享樂型最大的天賦是樂觀豁達的態度和內心的豐盈富足感，可以迸發出具有感染力的熱情，能與他人分享生活上的樂趣。他們往往是戀青春狂，希望自己是永遠長不大的孩子。

「7號仔」非常不喜歡那些重複、沉悶的事情，不喜歡死板的規則，雖然已避免不舒適或枯燥的職場環境，但他們明白現實生活很難避免，惟有快快完成工作，準時下班尋開心。在日常生活裏，總是找些樂事填滿空閒的時間，如果感覺到壓力，很悶或者無聊的時候，就可以搞一些其他的活動或者想像來逃避這些事情，快樂開心才是最重要的。是用樂趣和行動轉移自己對嚴酷現實的注意力。

他們主張自己有享樂的權利，有權享有自己想要的東西，崇尚自由，反對權貴。需要一次郊外的遠足、一本好書、一杯優質咖啡，他們就能讓糟糕的情緒煙消雲散。

衝動「怕錯過」 金錢換快樂

7號享樂型是貪多求全的典型，認為只有擁有這樣多樣化的選擇，自己才能夠得到快樂。不過他們往往準備了過多的計劃，結果無法讓自己完全投入到某件事情中，有點「三分鐘熱度」，比較難在某一項事物上做到精通、沉澱和昇華。

完全可以理解愛玩的「7號仔」在旅遊方面開支不少，而且會衝動購買，因為他們知道這些消費會為他們帶來快樂，若果得不到，就有一種「怕錯過」(FOMO，Fear of missing out) 的感覺。他們可能儲蓄不多，金錢對他們是重要的，毫無疑問，金錢可換來更多快樂。

在7號享樂型參與股票投資時，有以下建議供參考：

一、愛即興、心多，缺乏耐性，喜歡試新事物，比較衝動，有時憑感覺行事，這些特質對股票投資不太有利，必須時刻警惕自己。你們可能同時間有很多股票想買，但未能對有關股份作出深入了解。需要的是如何讓自己慢下來，「停一停，諗一諗」，不要作頻密買賣。什麼時候宜買，什麼時候宜沽，其中是有法可依的。如果能夠投入精力研究真正的問題，提升專注力，可以得到更好的成績，不妨向5號思考型或1號完美型學習一下。

二、性格積極正面，可能比較肯止蝕，因為總會有辦法調節自己心態，令這些「痛苦」不會纏繞他們很久，能夠抗抑鬱，這對交易心態絕對是好的。不過，切勿常常以為股票投資成敗是與運氣有關，不要把自己的交易「合理化」，為自己找借口。

9/ 8號領袖型 小心自視過高

九型人格的8號是領袖型(Leader),又稱挑戰者(Challenger)。

8號領袖型的核心需要是追求權力。先不要以為8號型就一定是公司大老闆,強權霸道。

健康的「8號仔」,樂觀自信,勇於挑戰,有開荒精神;目標感明確,有決心和毅力;有超強的領導力。真誠坦率,不會隱藏感受,不拘小節,具有行動力和正義感,知道朋友想要什麼,也往往透過鋤強扶弱來證明自己的能力。他們喜歡被人尊重而不是被人喜愛,是一個堅強、自信、果斷和馬上採取行動去解決問題的人。

8號領袖型的男性多是魁梧、氣宇不凡、有霸氣,行動比較快比較急,同時自視甚高,愛面子,所謂「輸人唔輸陣」;喜歡指手畫腳，喜歡別人聽他的話。喜歡控制別人，同時避免被別人控制。他的面部表情喜歡直視對方，比較嚴肅，然後語氣聲調比較洪亮、肯定，有他在你就沒得說。「8號仔」追求享樂，充滿活力，嚮往刺激和精采，憤怒爆發直接。他們屬於「腹中心」（Body center）類別，簡單説就是會有一個即時本能反應表現出來。

好勝不認輸　炒股恐輸蝕

不健康的「8號仔」容易固執，不接受別人的意見，攻擊性強，有報復心，敏感多疑、自大；好勝心太強，比較衝動，忍耐力較差，獨斷專行；否認自身的弱點和缺陷，所以很難跟別人合作。若果在職場上做不到領袖，他們會不開心，甚至抑鬱。

8號領袖型可能是九型人格中最快於社會熏陶下，被迫要進化的型號，脾氣會收斂，否則在現今社會不易生存下來，因為沒有人喜歡被人強權控制，被人指罵。當然，「8號仔」進化往往只限於意識層面上稍為控制下來，例如不頂撞上司，但根本的性格是很難改變的。

在8號領袖型投資股票時，有以下意見供參考：

一、比較難聽從別人的意見，他們分析能力卻又不及「5號仔」強，所以投資方面往往易衝動行事，比較容易犯錯；加上在人前不會隨便認輸，這些性格都不太有利於股票投資，特別

是衍生工具。必須學懂接受現實，敬畏市場，尊重趨勢，遵守投資紀律。

二、必須進化去適應現今社會，不宜自視過高，不妨多聽有質素的投資講座，又或聽聽在投資方面有不俗成績的9號和平型的意見，你會有所得着。

10/ 9號和平型 懂中庸之道

九型人格的9號是和平型(Peacemaker),也叫調停者(Mediator),與1號完美型及8號領袖型一樣,同屬於本能直覺的「腹中心」類別。

「9號仔」是和平使者,非常渴望與人和平共處,善於了解每個人的觀點,是很好的調停者,卻不太不知道自己所想、所要的是什麼,彷彿與世無爭,知足常樂。他們活得很隨和,喜歡和諧而舒適的生活,寧願配合他人的安排,也不要製造衝突。他們不愛出風頭,個性淡薄。為人相對表現的比較被動;容易給人一種懶洋洋、沒有個性的感覺,以及慢條斯理和滿不在乎的錯覺。

9號和平型通常興趣很多,卻把自己的優先事項拖到最後一分鐘才做。他們還具有自我麻醉的傾向,讓自己去做一些次要的活動。他們需花較長時間去做決定,因此被很多人視為優柔寡斷。

他們並不懂拒絕他人，「其實不是不懂，就是不好意思拒絕，感覺人家都說了，我怎麼好意思不去做呢！」

「9號仔」和朋友一起總是站在中間傾聽各方意見，不表達觀點，隨波逐流，總予人非常典型的好好先生、好好小姐形象，能夠感受到他人重要的東西，總是能為他人開啟幸福。

情智較高　重視金錢

想像一下，老婆是1號完美型，老公是9號和平型，老公被罵當沒聽見，嘴巴也說不過，為了關係，彷彿練成一項特異功能，靈魂出竅，人在心不在，容易走神。「9號仔」從來沒有主動對別人發過脾氣，認為忍一時風平浪靜，退一步海闊天空，所以就會很壓抑自己，不會發洩情緒，所以在別人眼中，9號型有較高的EQ（情緒智商）。其實這可能是不健康的，他們麻醉自己絕不直接表達不滿，可能只是陽奉陰違，幾乎被憋屈死；這些長期積壓的不滿一旦爆發出來會很嚴重的。和平型需要勇於講出自己的想法和感受，把自己的憤怒表達出來，也是一重良性進化的表現。

金錢觀方面，9號和平型是九型人格中很少認為金錢「十分重要」的一群。至於投資，他們因為喜歡聆聽，所以一般都會參考專家觀點，而且不論好友淡友，權衡正反雙方的觀點。他們會閱讀投資專欄，又或專家/炒股高手的視頻節目，報名參加投資講座，汲取人家長處，集各派精粹，然後尋找適合自己的交易方法。

在9號和平型投資股票時，以下意見供參考：

一、若本身有一定的財經知識，其實也很適合做股票投資，因為懂得中庸之道，敬畏市場，尊重趨勢，不會跟市場硬碰，但懶散、乏主見是較易有的陋習，可能在投資決策方面有時搖擺不定，錯過止賺止蝕的最好機會。所以，「9號仔」最需要是提升執行力，克服拖延！

二、因太過與世無爭了，在充滿競爭的社會，也需要有點野心，投資也一樣，要訂下合理目標，並且努力達成，多和3號成就型的朋友交流，你或可提高投資勝算。

11/ 人格昇華的整合方向

經過之前9篇的介紹，相信大家對「九型人格」9個型號有初步認識了，希望你能從中找到自己所屬型號，然後嘗試按以下的「人格昇華的整合方向」，努力向另一型號「進化」，提升人格質素，對人際關係或職場拚搏都有幫助，以至投資理財都會有莫大裨益。

完美型1→享樂型7：
放下拘謹，寬容樂觀，敢於嘗試，獲得「開朗」；

享樂型7→思考型5：
減少衝動，處事冷靜，深入思考，獲得「理智」；

思考型5→領袖型8：
堅強勇敢，果斷自信，言出必行，獲得「威信」；

領袖型8→助人型2：
熱情友善，樂於助人，心胸開放，獲得「純真」；

助人型2→藝術型4：
堅持心願，自我享受，愛人愛己，獲得「謙遜」；

藝術型4→完美型1：
冷靜理性，是非分明，客觀處事，獲得「平衡」；

成就型3→忠誠型6：
盡責細心，三思後行，忠心耿耿，獲得「忠誠」；

忠誠型6→和平型9：
隨遇而安，放下焦慮，信服別人，獲得「信任」；

和平型9→成就型3：
目標明確，勤快積極，自我挑戰，獲得「果斷」。

第二章／

短線能手——你就是速度大師

誰不想短炒賺快錢、百發百中、全職交易達致財務自由？回到真實場景又如何？你要具備什麼條件，採取什麼戰略，才能真正成為短線能手呢？

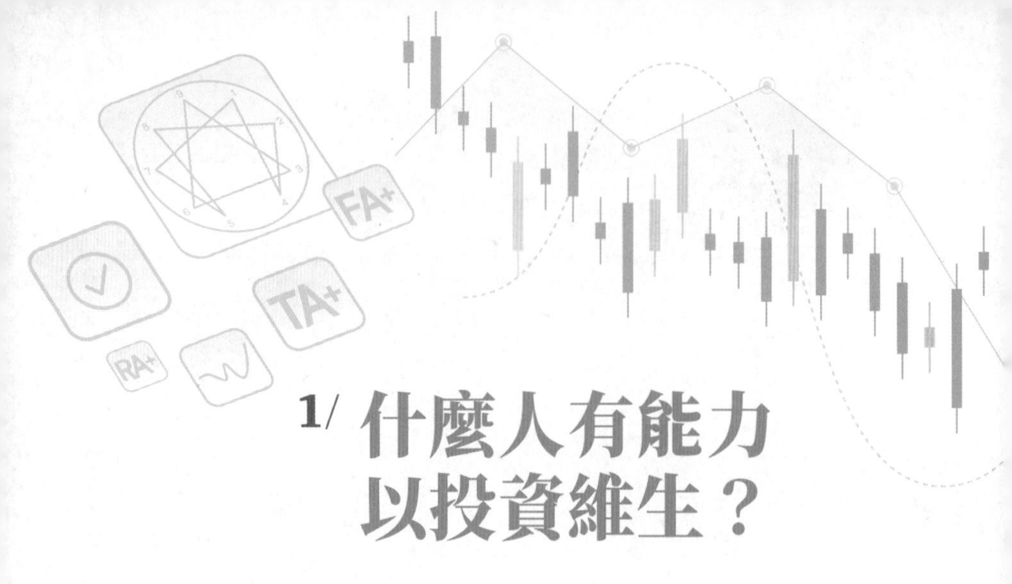

1/ 什麼人有能力以投資維生？

好多人工作壓力「爆錶」，生理、心理就快頂唔順，上司同事又難相處，期期都望中六合彩就不用上班，坊間「名師」正正睇中這類心態，標榜教你「全職交易」，賺取穩定回報，可以過財務自由的生活。

「日薪」維持不易

很多人即時想到，股市一個月大概有20個交易日，每日平均賺2500元，一個月賺5萬元，都很不錯。手頭上如擁有100萬元現金，辭工轉為全職炒股，又是否可行？

就簡單計一計數，若果每月5萬元投資收益可以應付到供樓、生活費、交保險、交際應酬、旅遊娛樂等，那一年所要求的投資回報率是多少？

1 年總收益： $2500 x 20 日 x 12 個月 =$60 萬
以 100 萬元為本金計算，年回報率： $60 萬 /$100 萬 = 60%

年回報要有60%啊！一盤冷水照頭淋吧？經過2022年10月底恒指創13年半新低後，沒有人敢説有股票可以長升長升，即使「股王」騰訊（00700）由2018年1月至2023年1月，都只是有波幅無升幅，總計幾乎沒有升過。若果全職炒股期望每年有高達60%的投資回報，相信絕大部分明星基金經理皆無法連續幾年達標。

如果把全職交易的本金提高到1000萬元，即每年要求的投資回報率只需要6%，這可能較有機會實現「炒股維生」的夢想吧！

炒股當返工難度高

是的，但當中你也需要考慮通脹因素會侵蝕你的購買力。撇開這個不計，2020年世紀疫情加上2022年俄烏戰爭，近幾年投資市場風險之高，相信所有股民都曾「領教」。你以每日計算回報，其實心態上已顯露出你想「即日鮮」（day trade）賺取「穩定回報」。大牛市時人人都是「股神」，但到波動市甚至是熊市就見真章了，正如「真・股神」畢非德（Warren Buffett）所言：「退潮時就知道誰在裸泳。」大量自稱真正的全職炒家已一早被巨浪淹沒，銷聲匿跡。

再者，超短線炒賣心理壓力很大，平時講就講追漲殺跌，但一到真正落場，心理質素才決定一切，一時衝動做錯決定，就代表當日隨時要「白做」；若果連敗多仗便要「倒貼打工」，甚至懷疑人生：是否學到及建立到的投資方式/系統根本並不可行呢？

我是經歷過全職炒股生涯的人，時間是2007至2009年，現在回看實在太天真，當時本錢根本不夠，雖然曾經連續兩個月有六位數利潤，但一到由牛轉熊就動彈不得，「逆境波」所以難打之極，因為你要到事後才知是遇上大型熊市，到2009年初期又以為只是小型反彈，不敢冒進。當時很少人估計到美國「量化寬鬆」（Quantitative easing, QE）的威力原來是這麼巨大！總之，一切都是事後孔明，沒有人可以完美躲過熊市，也沒有人能夠在牛市頂部全身而退。

所以，全職投資比想像中可能更難，一般人想以投資維生並不可行，你聽到或見到的成功故事，其實都是「幸存者偏差」（survivorship bias），是一種很常見的邏輯謬誤，是由於過度關注「於某些經歷幸存的人事物」，而忽略沒有幸存或觀察不到的部分，最後得出錯誤的結論。

「全職」時間有限制

「全職交易」並非不可能，但我說的是頂多兩三年，因為近代股市周期已大大縮短，沒有人會知道何時會再出現類似上世紀九十

年代美國總統克林頓時期經歷的特長周期牛市。

總括而言，時勢、個人技術、心理管控、資金規模，以至年紀，都決定了全職投資者的成敗。年紀太輕，技術及心理方面的經歷沉澱不足夠，不能讓情緒凌駕在操作上，就可能會因為害怕的關係而不願止蝕（停損），若不願止蝕，早學會的合理風險回報比例（Risk-reward ratio，亦稱「賺賠比例」）都只是空談。

現實是，股市一年之中可能有近一半時間是盤整、區間上落市，未有明確方向，增添了交易難度，你會發現慣常使用的技術指標都幫不了你賺錢，反而很多時候買升便跌，買跌便升，左一巴右一巴。

不少「名師」可能會説：「熊市也提供機會讓你贏大錢啊！」但現實是熊市大多數人都很難賺到錢，因為一般投資者都是買升，博反彈的，你全力買跌，代表了離群操作，心理上很難有安全感。更可況對沖難度高，時間長對心臟負荷很大，一般人做不來。

方法技巧不及理念思想

真正高手沒有一定要時時刻刻交易，短線操作隨緣一點；在你覺得可以做的時候才做，不懂就不做，哪怕錯過就任他錯過，至少不虧不賺。找到你合適的策略或方法才去做，不要意氣用事。沒必要的不做、沒好處的不做（風險回報不值博）、不勉強交易。在熊市裏大多是都在觀察趨勢，耐心等待趨勢變化。

賺錢主要靠的不是方法技巧，而是更多的是理念思想，甚至是藝術、哲學。所以真正的高手都探究投資哲學，而並非糾結於具體操作。他們重視的是花時間提升心理質素。

2/ 絕對不適合做短線交易的四種人

以下4種人絕對不適合做短線交易？這裏講的包括超短線的「即日鮮」，以及在一周內決勝負的買入賣出。

一、工作繁重

「朝九晚六」正職在身，經常要跟同事開會，上報主管，下達組員，哪有時間看盤緊貼大市？沒有「貼市」的優勢，根本不適合炒短線，特別是輪證及波幅大的二線股。錯過日內高位套利，又或急跌後也未知原因。

二、生活拮据

真的，若果你積蓄不多，收入僅夠開支，一旦踏進股場，你面對的壓力會很大，太看重得失，怕輸，於是寧做鴕鳥也又不肯止蝕。「無錢就不要學人炒股票啦！」我不能否認這句説話，賬面虧點錢也令你很不開心，老是想着「夠錢買個包包給老婆」、「買個名牌書包給女兒」，為失去原本應該擁有而耿耿於懷，怎能快樂炒股呢！

三、難平常心

市場上機會很多，但每天都可以經歷多次的成功和失敗，要時刻保持平常心，勝不驕，敗不餒，這是很成功的「交易心態」。只是説來容易做起來困難，平常心是需要經驗沉澱，你也要明白「這個世界比你倒楣的人多的是」。要學會感恩，投資路上才少點氣。「1號完美型」可能最需要有平常心。

四、覺得辛苦

短炒就是要講觸覺、守紀律，時間框架不僅是日線，小時圖甚至分鐘圖也要兼顧，追求甚至享受「快狠準」的過程。「嘩！這樣很辛苦吧，『跟車太貼』易出事啊！」先不去討論如何定義「跟車太貼」，事實上，短炒亦不代表頻密買賣，不過如果你怕辛苦，沒有一種「鯊魚嗜血」的短炒基因，你便很難像港式麻將所謂的「密食當三番」，在股場上贏快錢。

3/ 短炒不忘資產配置

理財書籍總教你如何好好配置資產，合理安排資金投入，什麼「理財金字塔」、「投資三分法」、「三個錢包理財術」等等，可是你最後都無法跟着做，遑論貫徹始終。

我又聽過有人介紹一個叫「水桶模式投資法」，主要分為3個水桶：

水桶1——快速增值

水桶2——平穩發展

水桶3——收息資產

據介紹，方法就是把水（資產）按年齡、投資偏好、承受風險程度等，適當分配至這3個水桶裏（即投資不同類型資產）。例如一個35歲投資者擁100萬元，應該把較大資金（例如六成）投放在「快速增值」類別，其次是「平穩發展」，只有少量投資於「收息資產」，因為年輕人承受風險的能力較高，而且複息效果強，故偏向增值是適當的。只要合理投資，快速增值部分會隨着時間而不斷增值，即是這部分會愈來愈大，即「水桶1」的水不斷增加，當到達某程度，水就會滿溢，而多出的水就會流到「水桶2」之中，餘此類推。

不知你對上述的投資方法有何看法，而我則覺得這類理財法太理想化，具體操作不易。一筆過進行股票投資風險不輕，很講時機（Market Timing）；何謂投資於「快速增值」類別，一般人理解必定是增長股，例如科技股或生物科技股之類，但這些股票估值較貴，跌市恐會招致重大損失。

人性貪婪　說易行難

也有不少交易者長期用以下策略行事，三分一是基本倉，三分一為短線倉，三分一是現金，保持進可以攻、退可以守的陣式。又或者三分二做長線，三分一做短線。

不過又是說易行難。原因很簡單，人是貪婪動物，當真牛市來臨時，跑輸大市的就是你之前認為穩健型的股票，包括多數的收息股及傳統公用股。這些股份在機會處處的牛市中，往往不升反

跌，這便代表輸掉「機會成本」，屆時你會好心急，怕失去市場上滿布的獲利機會。你會認為這些在組合內的「防守型」股份「阻住發達」，倒不如暫時沽出套現，調撥資金出來，加大短炒購買力，乘風破浪！所以，到頭來又是很易離棄理財原則，短暫失憶，令投資組合暴露於高風險環境中。

4/ 大師為股票短中長線下定義

我常常說，傳統式的個股推介是沒意思的，因為每個人的投資風格不同，同一時間介紹一隻股票，一個短炒贏錢食糊，一個由贏變輸，還愈跌愈溝。這些股場眾生相絕不出奇，炒股是個人化的，單以「時間框架」（Time frame）就可以很不同，有人看的是周線級別，有人只看日線圖，有人聚焦小時圖以至專注於15分鐘圖等，每個人傾向持股時間長短也不同，有人傾向炒中短線，有人願意長坐。

因此，財經評論員與受眾其實最少在一些領域上，包括關於交易的定義及語言都有共識，才不致產生誤會，對準擬定的「射程範圍」。

華爾街交易大師——史丹溫斯坦（Stan Weinstein）對股票交易的短中長定義是：

短期：1至6周的變動周期

中期：6周至4個月的變動周期

長期：4至12個月的變動周期

那麼，「即日鮮」（day trade）便不屬於以上分類，應定義為「超短線」交易，操作者不會持倉過夜。

短線、中線、長線玩法當然不同，參考的大市指標、技術指標，以及基本分析的重要性都不同，看罷此書你會有所得着。

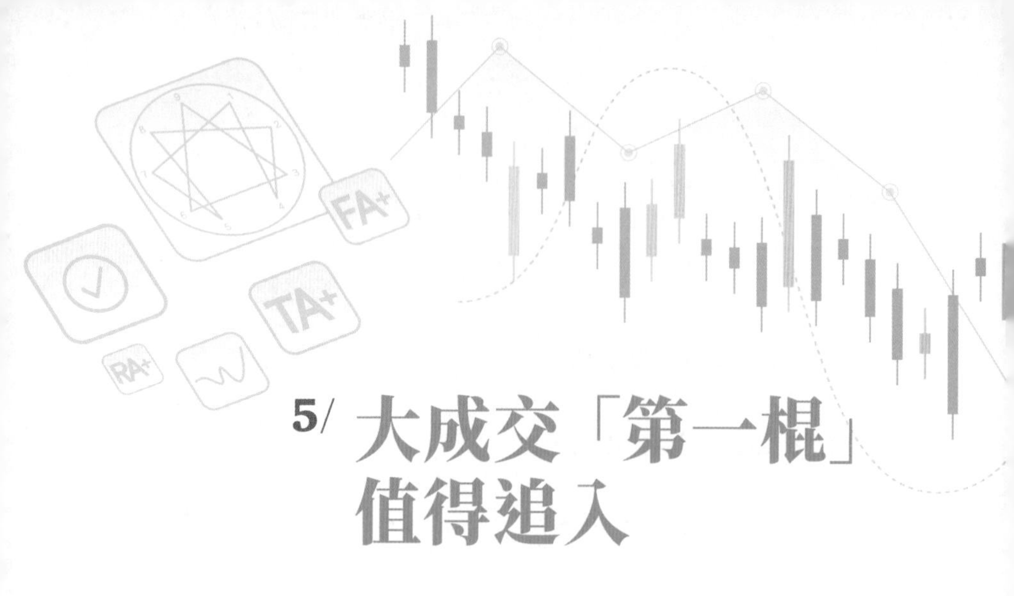

5/ 大成交「第一棍」值得追入

短炒講求快速判斷力，見到「價量齊升」的「大陽燭」異動股，往往就代表有入市機會。

中芯國際（00981）2023年3月17日突然急飆9.6%，且呈大陽燭以全日最高位收市，成交量屬超過一年半最多，股價擺脱以Volumn by Price（價量分布）顯示的「成交量密集區」（左方橫向柱狀），反映正突破長期區間橫行形態，且14日RSI（相對強弱指標）報69.18，仍未進入70以上的技術超買區，最下方顯示的「變動率指標」（ROC）升穿強弱分界的0中軸，可視為進場時機，也有心理準備之後窄幅回吐，進行整固。

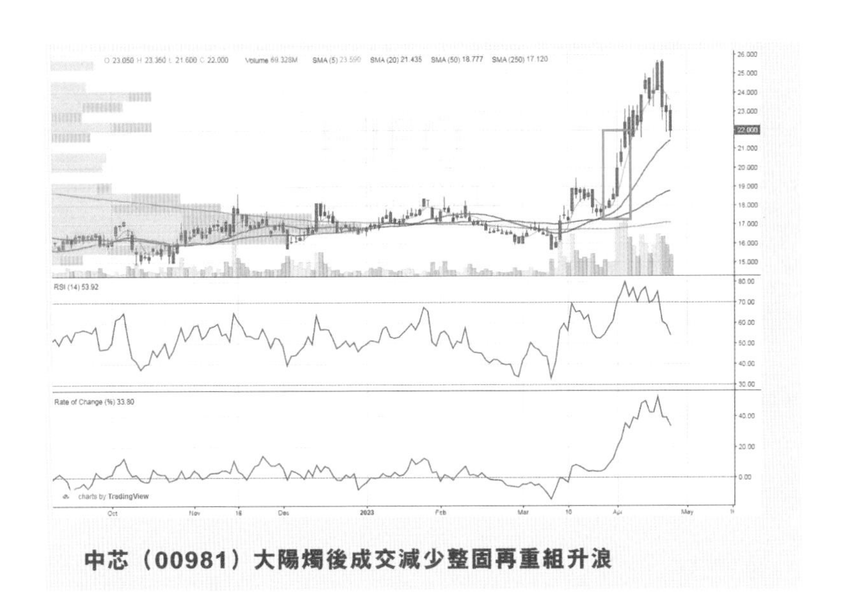

中芯（00981）大陽燭後成交減少整固再重組升浪

果然，股價於3月下旬略為調整後，留意期間成交量縮減，4月3日突再以大成交配合下急飆，盤中升穿3月20日高位（19.48元）時大量資金湧進，最後漲7.5%，收報20元。隨後大概10個交易日反覆上揚，5天平均線與股價並駕齊驅。由於4月6日RSI升至80的嚴重超買水平，當日收報22.45元，代表是時候考慮分段止賺。

中芯股價之後幾個交易日曾經衝高至25.7元，留意RSI「一頂低於一頂」形成「頂背馳」的利淡訊號，同時升市時成交不但沒有進一步放大，反而較前縮減，宜伺機全數止賺，終於股價於4月21日急跌9.2%，結束這一波升勢。

這確實是一個短線操作的教材式例子，至少大家學到：

- 量比價先行：成交配合下初升，可能代表有主力資金介入，後向值得期待；
- 縮量跌，放量漲，後市看升；
- 放量跌，縮量升，後市看淡；
- 留意技術指標「背馳」訊號，往往是升浪結束的證明，短期不宜再戀棧。

另一例子是港交所（00388），基本上可以不附帶任何平均線的「清水圖」來顯示有意義的「價格行為」（Price action），為了給讀者一點趨勢方面的感覺，最後用上一條50天線。

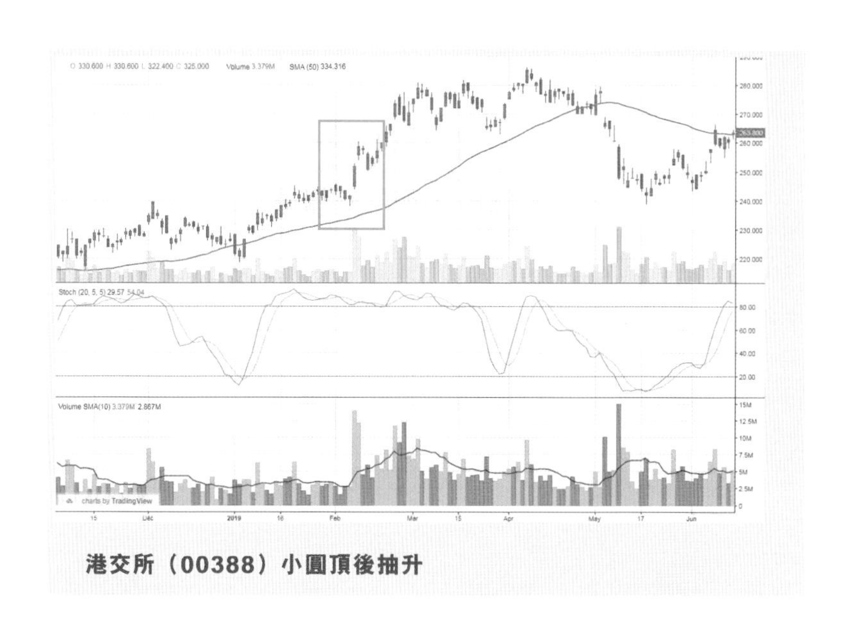

港交所（00388）小圓頂後抽升

「強行驅趕」淡友

港交所2019年1月中至2月8日不單升勢放緩，且形成小圓頂回落，期內隨機指數（STC）指標呈頂背馳情況，按道理應較大機會向下，豈料2月12日突然抽升4.2%，收報252元，且當日成交較10日平均高出2.5倍，若尾市見狀應考慮部署追入。股價之後果然反覆向上，4月8日高見286.2元，累漲13.6%。

類似港交所這款大成交上升「強行驅趕」淡友的例子不少，總之明明短期利淡，扭轉成為短期利好，一般都值得追入。當然，股份一定要是大市值的行業領袖股，才有較大贏面。

此外，東方海外（00316）2022年12月19日急跌，基本呈反覆向下格局，到2023年3月23日股價突飆16.5%，收報152.1元，主要是公司於3月22日收市後公布去年多賺四成，派發特別股息每股4.56美元，消息刺激價量齊升，一舉破壞運行3個月的利淡形態，甚具意義；當天14日RSI升至65.4，仍未到達70以上的超買水平，所以不用太「畏高」，收市前可酌量買。果然股價之後稍為整固後有運行，突破「旗形」後，曾見172.6元。

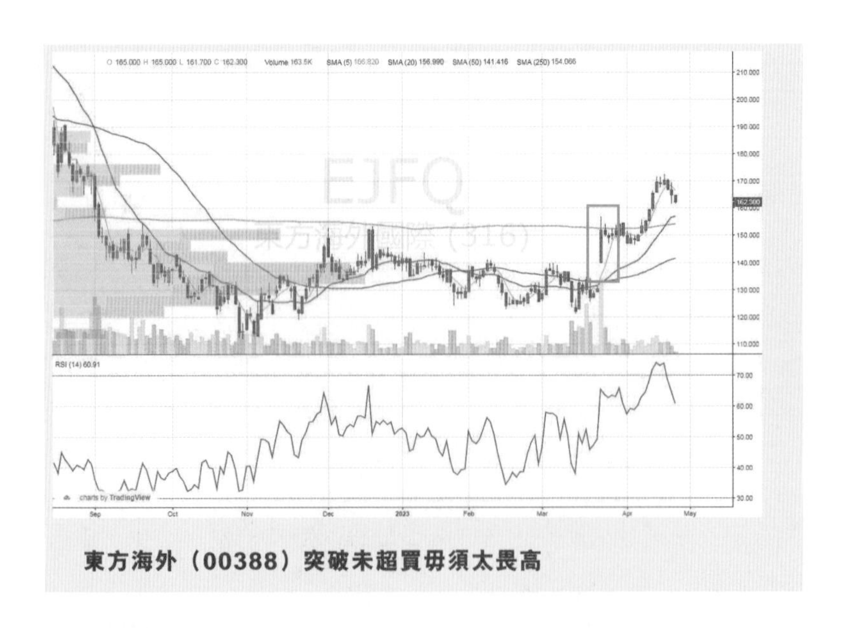

東方海外（00388）突破未超買毋須太畏高

IGG（00799）2023年3月7日因上日發盈警而大成交下股價急跌15.9%，本應極度利淡後市，但隨後跌勢放緩且營造小圓底回穩，3月28日基本已收復失地。不單如此，3月29日更急升16.4%，收報3.19元，無視剛公布的業績盈轉虧（與盈警預告相若），之後4月3日再以大陽燭急飆近三成，成交再放量，確認一舉突破成交量密集區。IGG股價到4月20升至6.7元以上才行人止步，若3月29日股價突破時上車，不足一個月回報最高達1.1倍。

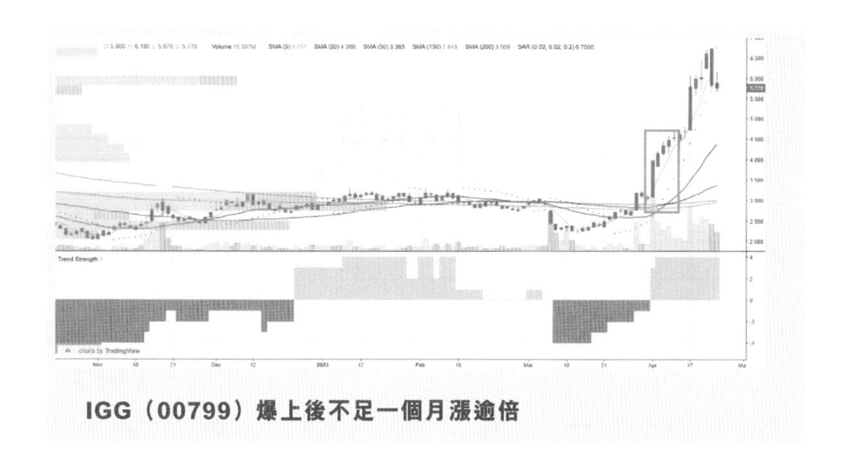

IGG（00799）爆上後不足一個月漲逾倍

三一國際（00631）的例子有點像剛才港交所的情況，股價於2023年4月中股價開始於8元位置成交配合下急升，一舉攀越3月下旬至4月12日的小圓頂利淡形態，以及持續多時之區間橫行悶局，至4月底時升至10.4元收市。

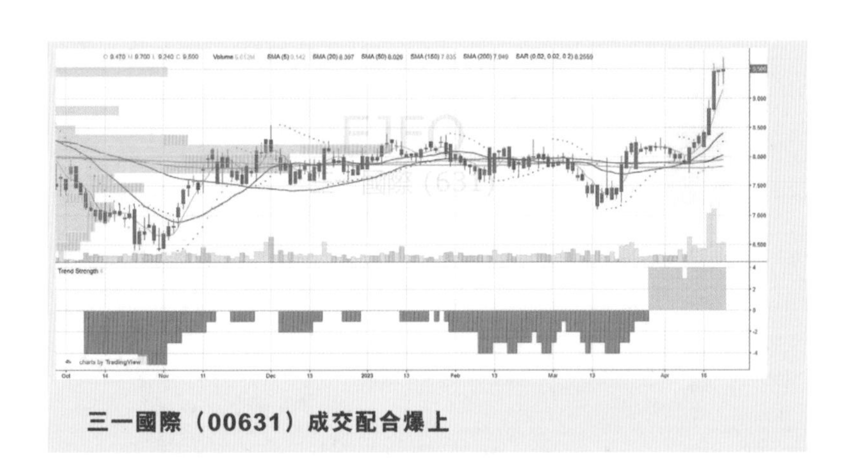

三一國際（00631）成交配合爆上

一、要成為「速度大師」，對異動股的判斷昇華到「條件反射」的程度，你要勤多操練，多看圖，多做事後「覆盤」。

二、你要記住今次成功捕捉價量異動，究竟是滿足什麼條件才值得你介入；切忌在這次獲利之後，見股價隨即回落到你沽出位之下，便想「食髓知味」再買博反彈，因為這已跟原先買入的條件不同了，你再買入純粹覺得在這隻股票上有運氣，甚至產生情意結。

三、九型人格的4號自我型及2號博愛型都有機會對某隻股票產生「愛意」，總愛在單一股票上反覆操作，其實市場上機會多的是，你需要擴闊視野，在不同時刻、不同板塊及個股上捕捉機會。

6/ 意想不到的股價走勢

這本書的一大特色是不會單一精選「完美」技術走勢的例子，説明通過怎樣的技術分析方法先行預測股價走勢。相反，我們會告訴你「股場無情」，你往往會碰上意想不到的短期走勢，平日所學的技術分析，都好像突然「失效」，頓然懷疑人生。

中遠海控（01919）2022年8月30日晚上公布，截至6月底止半年股東應佔利潤647.12億元人民幣，按年增長74.4%；每股基本盈利4.04元人民幣，中期息派2.01元人民幣，在高基數下（2021年中期純利大增31.6倍至371億元人民幣），仍能錄得強勁增長。

翌日（8月31日），摩通發表報告，維持給予中遠海控「增持」評級，目標價19元。摩通指出，該公司首次宣派中期息為主要驚喜，特別是派息比率達50%，又宣布2022至2024年度派息政

策，派息比率為30%至50%。2021年派息比率15%曾被認為是差過預期，導致股價跑輸，最新派息政策消除隱憂。摩通認為，中遠海控積極管理其資產負債表，並建立承諾以現金盈餘提供回報，而其高於同行的合約敞口和更保守的船隊策略仍然是關鍵的利好因素，預計綜合以上因素將帶來積極的股價反應。

中遠海控當日（31日）高開6.7%，但若果你即時追入便「中招」了，因為竟然已是全日高位，收市倒跌1.5%，全日成交股數多達1.5億股，成交金額達18.14億元。你以為市場永遠是對的，那為何股價一開始便對業績反應正面卻倒跌收場，且之後股價進一步下滑，維持弱勢。

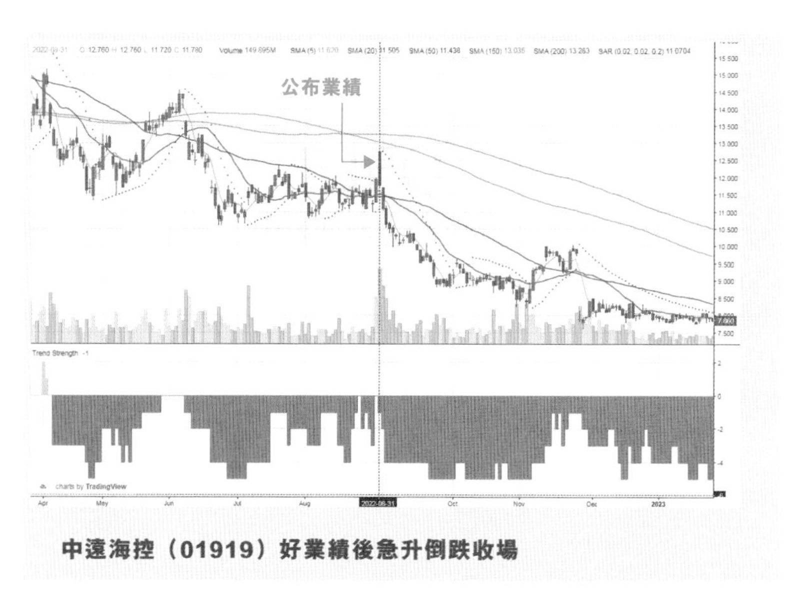

中遠海控（01919）好業績後急升倒跌收場

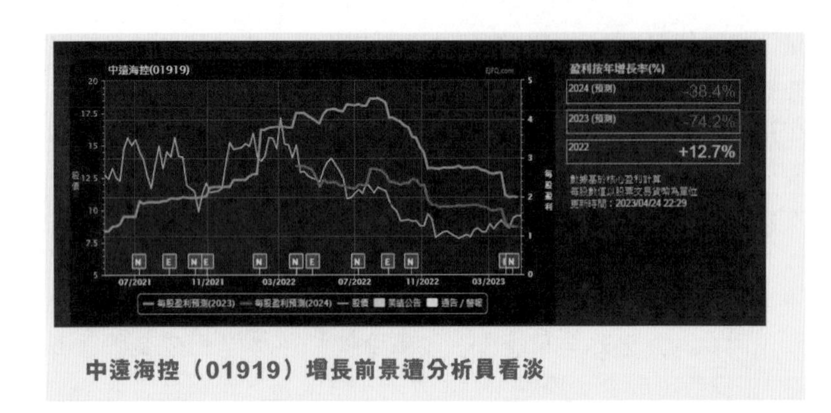

中遠海控（01919）增長前景遭分析員看淡

「(好）業績見光死」對老股民來説並非新鮮事，切勿衝動在業績期前後買賣，因為市場第一個反應，未必是外資券商分析員的最終反應及看法，果然，在中遠海控的例子上，從EJFQ系統FA+顯示，2022年8月底後分析員對中遠海控的盈利預測是持續往下調的。

中國中冶（01618）2022年1月上旬開始大部分時間在50天線之上造好，呈強勢綠燈。2月下旬回落整固後，3月7日突抽升5%收市，成交增加。3月8日再高開8.4%，報2.71元，作勢突破2月18日高位2.74元，豈料早段高見2.73元後開倒車，收市竟然回落3.2%，成交量較前一日翻倍。

若果早段撲入，面對如此的單日轉向，究竟離場止蝕，還是多看

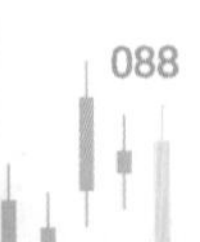

一天呢？我相信不少人會選擇後者。可是中冶股價之後繼續無運行，連開6支陰燭，挫至8個月低位，當然，期間很大原因是遇上大市崩圍（恒指3月15日低見18235點），可見不少股票雖然並非指數成份股，但走勢上也很受恒指影響，市況不就，很難獨善其身。

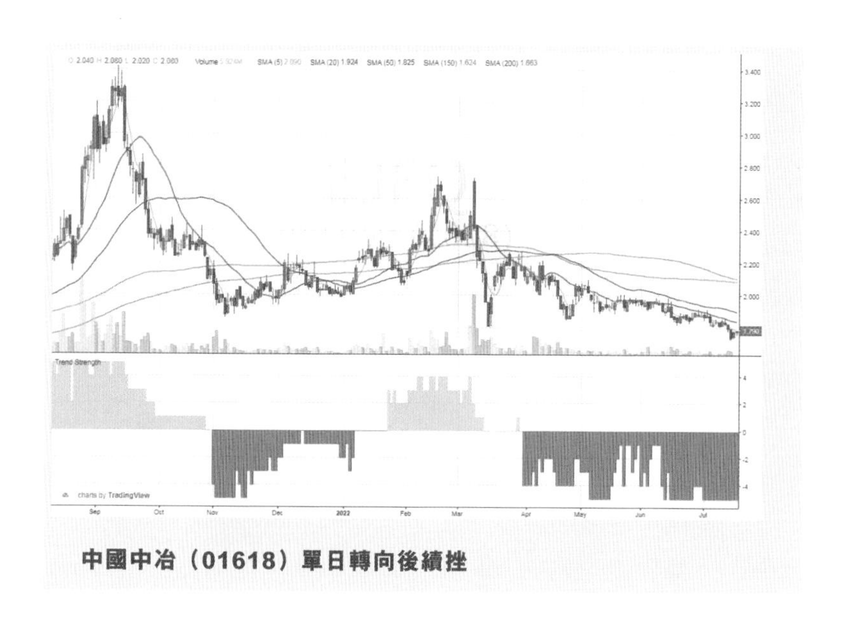

中國中冶（01618）單日轉向後續挫

網龍（00777）2023年3月1日呈大陽燭急升12%，以全日最高位收市，「有量有價」強勢畢現，且14日RSI未正式升穿70，正路應該適用「突破追入法」，若果以19.5元追入，並且決定「過夜」，希望翌日再「升多棍」；不過，想貪心些少的話，你就麻煩了。因為之後股價不單止打回原形，更急跌至4個多月低，股價不足一個月竟蒸發三成，比期內大市跌幅更巨，事實上當時可見強勢股在大跌市最後也成為拋售對象。

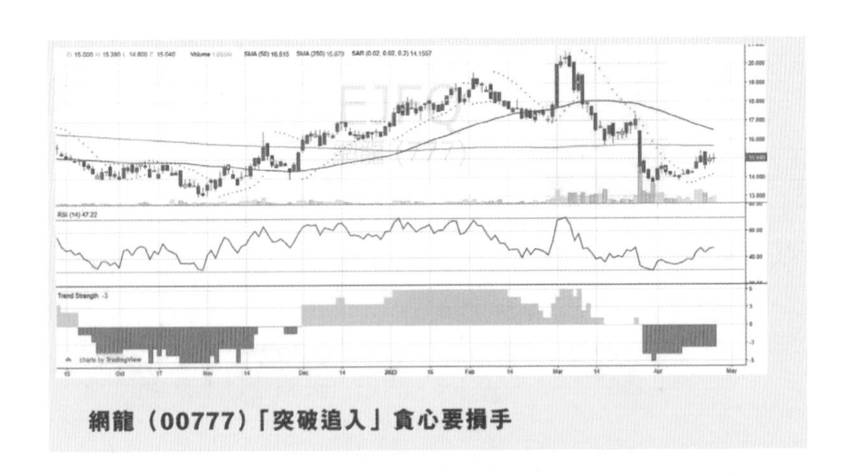

網龍（00777）「突破追入」貪心要損手

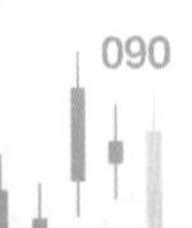

中國生物製藥（01177）2023年3月31日收市後公布全年業績，期內純利大跌逾八成，賺25.4億元人民幣；倘扣除應佔聯營及合營公司損益，以及若干資產和負債的公允值變動減值等項目後，經調整利潤則上升16.4%，至29.9億元人民幣；末期息派6港仙，連同中期息全年派息12港仙，按年高出五成。

業績後先跌再彈

不知是否因為盈利大跌仍增派股息，中生製藥股價於下一個交易日（4月3日）僅輕微低開0.5%，意想不到是之後沽盤湧現，未幾已倒插9.8%，低見報3.97元，為5個月低位。好了，若手上有蝕本貨，選擇當日盤中止蝕或減磅也屬正路做法，不等收市，以規避股價進一步下滑。

你以為股價這樣急插，一定元氣大傷吧？殊不知倒楣的事又出現，中生製藥4月6日開始展開反彈，4個交易日勁飆12.4%，兼且創超過兩個月高。

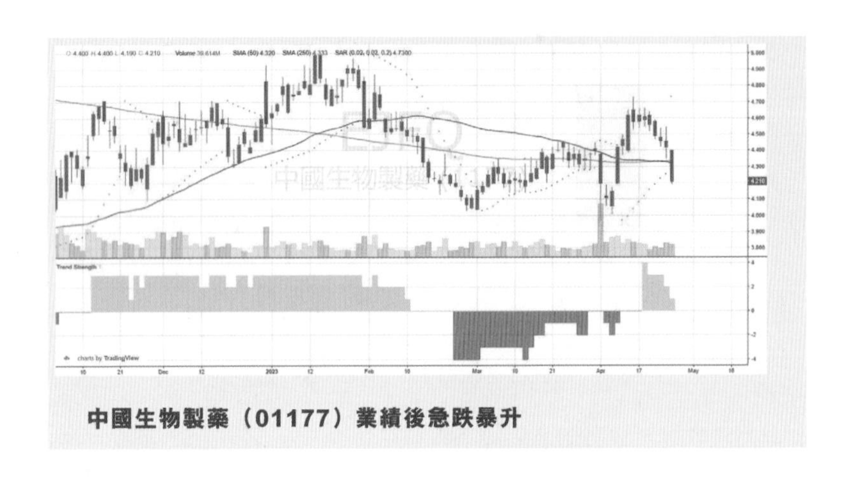

中國生物製藥（01177）業績後急跌暴升

早沽貨者不禁懷疑人生：「真激死！早知就不止蝕，就可以反敗為勝啦！」

股場不如意事十常八九，但止蝕就像買保險，唔怕一萬，最怕萬一，是能夠成為長勝將軍的重要交易原則，你寧可選擇止蝕一半，留一半等股價有回升之日，也不應該完全不止蝕，無止境地死揸。

華電國際（01071）亦有類似情況，2023年4月3日盤中以大成交下急跌7.1%，創出年內新低，豈料隔了3日，股價竟然開出「五連升」，累計漲幅達兩成，強勢綠燈力保不失。

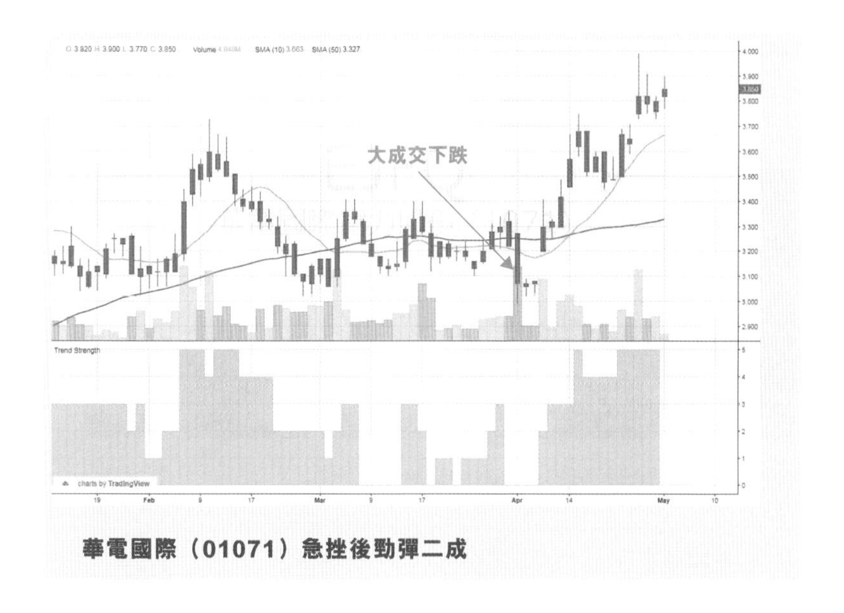

華電國際（01071）急挫後勁彈二成

中資電力股一向難玩，華電當時的分析員評級亦相當參差，11個分析員，6個建議「買入/增持」、4個建議「持有」、1位建議「沽售」，目標價介乎2.22至5.64元，算是相當分化，可以想像經常會有資金角力的情況。所以，一些股份或板塊是預計到較波動的，唯有經常提醒自己，炒股要時刻保持平常心，盡量不要心浮氣躁。

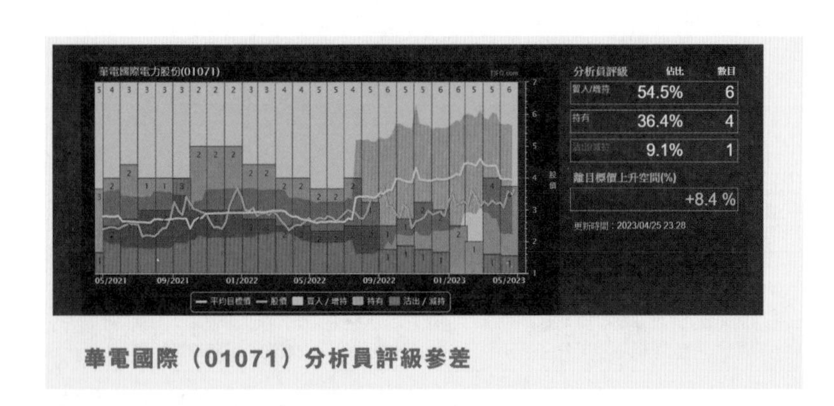

華電國際（01071）分析員評級參差

7/ 獨有的異動股排行榜

一般散戶玩短炒，大多透過坊間財經網站，檢視即日首20隻升幅/跌幅股份、20大成交金額及成交量（股數）的股份排行榜，從中尋找機會。

EJFQ系統的「異動股」排行，是統計即日成交額高於500萬元的異動股票，助用戶尋找即日當炒股票，或觀察持有的股票是否出現異動情況。排行榜主要有以下分類：

- 大型股：市值150億港元以上
- 中型股：市值20億至150億元
- 小型股：市值5億至20億元
- 「滬深港通」範圍內股份

頁面有「即日成交比率」，即該股當天成交股數與過去3個月平均成交比率。數值愈高代表該股票買賣活動愈異常。

另有「10/30分鐘排名升跌」，顯示該股過去10及30分鐘內於異動股榜內排名升跌位置，升幅愈高反映異動情況愈明顯，若數值出現「0」表示排名沒有變動，「--」表示股票之前成交額未達500萬港元，所以未有排名。

EJFQ系統異動股榜提供多項訊息

我已慣常大概每隔半小時看看以「成交比率」排序的EJFQ的異動股榜，所以榜內會包括異動上升及異動下跌股，我會mouse-over股票代號快速看走勢圖，同時畫面亦將FA+（基本分析）、TA+(技術分析)及RA+(輪動圖分析)的重點資料清楚展示出來。

我亦會把異動榜各自分類最多的50隻股份，開啟於「精明選股」篩選器，查看股份是否第一日大成交配合下上升，突破短期阻力，例如高於50天線、ROC升穿中軸、MACD轉牛差距、拋物線SAR轉好等，並且於技術上未屆明顯超買（14天RSI最好不高於75，又或隨機指數快線%K不高過80）的股份，愈多技術指標初見利好，就會視之為上車機會作「波段交易」(Swing trade)。當然，市況氣氛欠佳時，我會特別小心控制注碼。

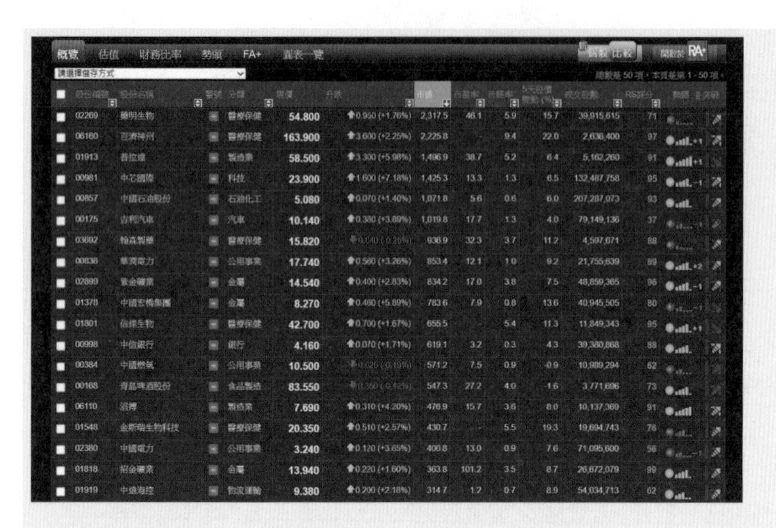

概覽 估值 財務比率 勢頭 FA+ 圖表一覽

請選擇儲存方式

總數是 50 項，本頁是第 1 - 50 項

股份編號	股份名稱	分類	現價	升跌	市值	市盈率	市賬率	5天股價變動(%)	成交股數	RS評分	勢頭
02269	藥明生物	醫療保健	54.800	0.950 (+1.76%)	2,317.5	46.1	5.9	15.7	39,915,615	71	
06160	百濟神州	醫療保健	163.900	3.600 (+2.25%)	2,225.8	-	9.4	22.0	2,636,400	97	+1
01913	普拉達	製造業	58.500	3.300 (+5.98%)	1,496.9	38.7	5.2	6.4	5,162,260	91	+1
00981	中芯國際	科技	23.900	1.600 (+7.18%)	1,425.3	13.3	1.3	6.5	132,487,758	95	-1
00857	中國石油股份	石油化工	5.080	0.070 (+1.40%)	1,071.8	5.6	0.6	6.0	207,287,073	93	
00175	吉利汽車	汽車	10.140	0.380 (+3.89%)	1,019.8	17.7	1.3	4.0	79,149,136	37	-1
03692	翰森製藥	醫療保健	15.820	0.040 (-0.25%)	936.9	32.3	3.7	11.2	4,597,671	88	
00836	華潤電力	公用事業	17.740	0.560 (+3.26%)	853.4	12.1	1.0	9.2	21,755,639	89	+2
02899	紫金礦業	金屬	14.540	0.400 (+2.83%)	834.2	17.0	3.8	7.5	48,859,365	96	-1
01378	中國宏橋集團	金屬	8.270	0.460 (+5.89%)	783.6	7.9	0.8	13.6	40,945,505	80	-1
01801	信達生物	醫療保健	42.700	0.700 (+1.67%)	655.5	-	5.4	11.3	11,849,343	95	+1
00998	中信銀行	銀行	4.160	0.070 (+1.71%)	619.1	3.2	0.3	4.3	39,380,868	88	
00384	中國燃氣	公用事業	10.500	0.020 (-0.19%)	571.2	7.5	0.9	-0.9	10,989,294	62	
00168	青島啤酒股份	食品製造	83.550	0.350 (-0.42%)	547.3	27.2	4.0	-1.6	3,771,696	73	
06110	滔搏	製造業	7.690	0.310 (+4.20%)	476.9	15.7	3.6	8.0	10,137,369	91	
01548	金斯瑞生物科技	醫療保健	20.350	0.510 (+2.57%)	430.7	-	5.5	19.3	19,694,743	76	
02380	中國電力	公用事業	3.240	0.120 (+3.85%)	400.8	13.0	0.9	7.6	71,095,600	56	-1
01818	招金礦業	金屬	13.940	0.220 (+1.60%)	363.8	101.2	3.5	8.7	26,672,079	99	
01919	中遠海控	物流運輸	9.380	0.200 (+2.18%)	314.7	1.2	0.7	8.9	54,034,713	62	

把50隻異動股「一鍵轉換」到「精明選股」篩選器

8/ 開市前睇「大市通勝」

港股是「弱式有效市場」(Weak Form of Efficient Market),有些消息是市場開市前已得知的,但開市價未必已完全反映,之後當其他媒體也跟着報道時,股價或會進一步異動,帶來機會。

EJFQ系統設有「大市通勝」,助用家了解市況,例如於2023年1月11日開市前重點提到:香港寬頻(01310)獲摩通上調評級至「增持」,目標價7元。

2023年1月11日開市前「大市通勝」提到香港寬頻（01310）新消息

香港寬頻當日股價僅高開1.9%，報5.25元，之後曾低見5.23元，及後有買盤吸納，股價最多急升17.5%，觸及6.05元，收報5.72元，仍升11.1%。可見及早掌握股價敏感資訊，獲利機會總較人多，靚價入，靚價走。

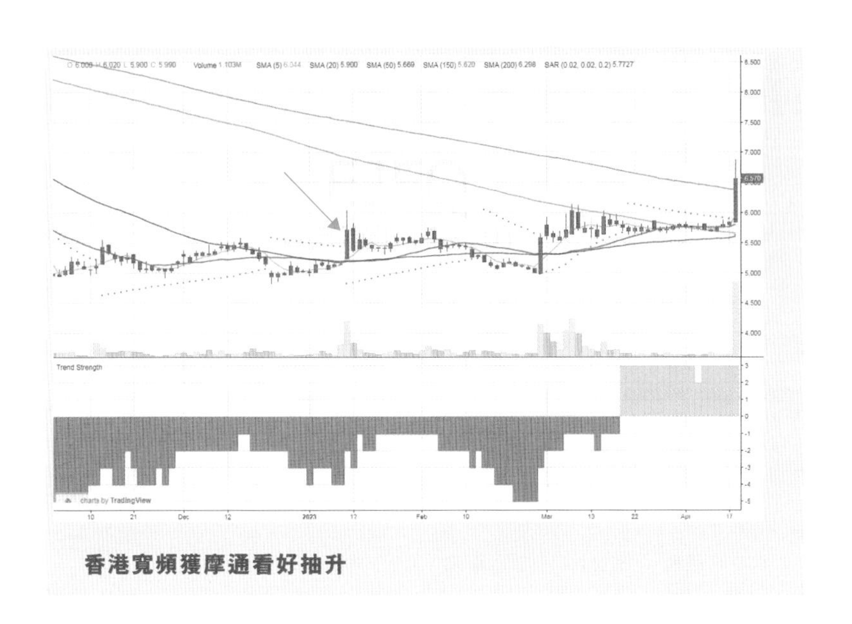

香港寬頻獲摩通看好抽升

以下截圖是EJFQ用戶收到的電郵版，「大市通勝」於4月6日（周四）早上9時前，提及金價升至一年新高，相關股可留意中國黃金國際（02099），而該股前一交易日（4日）已見異動創近一年高，RS評分高達94分，估值仍合理。

更新時間: 2023-04-06 08:57:00

隔晚美股三大指數個別發展，道指升80點報33482；納指挫1.1%報11996點；標指跌0.25%報4090點。歐洲或掀ChatGPT監管潮，拖累美股AI板塊走低。小心中港上市AI板塊表現反覆。繼恒指之後，周二收市後國指及科指亦復轉強勢綠燈，另外強勢股指數升至18.8%，幾乎與向下的弱勢股指數滙聚，港股整體形勢並不差。有14隻主板股剛呈勢頭轉強綠燈，包括威高股份(01066)、兗礦能源(01171)、恒生中國企業(02828)、安碩恒生科技(03067)等；有18隻主機板股剛轉弱勢紅燈，包括渣打集團(02888)、俄鋁(00486)、海倫司(09869)、雲頂新耀(01962)等。內地電池級碳酸鋰跌至每噸22.4萬元人幣，較去年11月底高位回落逾60%，江西宜春部分雲母提鋰企業已停產以挺價。那邊廂，金價升至一年新高，相關股可留中國黃金國際(02099)，周二已見異動創近一年高，RS評分高達94分，估值仍合理。

「大市通勝」推介中國黃金國際（02099）

當日中國黃金國際（02099）股價高開3.9%，之後愈升愈有，以全日最高位收市，漲幅達19.8%，成交急增，股價之後幾個交易日繼續上升，以4月14日收市價計，較4月6日即「大市通勝」介紹當日的開市價，累計錄得46.4%的豐厚回報。

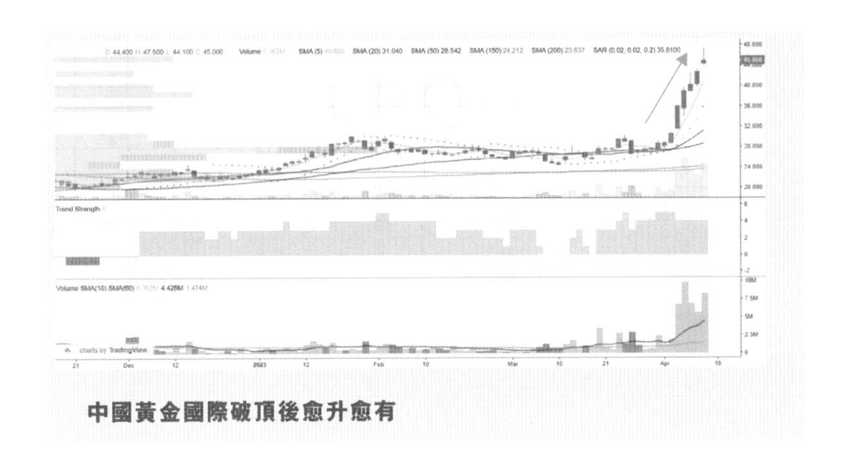

中國黃金國際破頂後愈升愈有

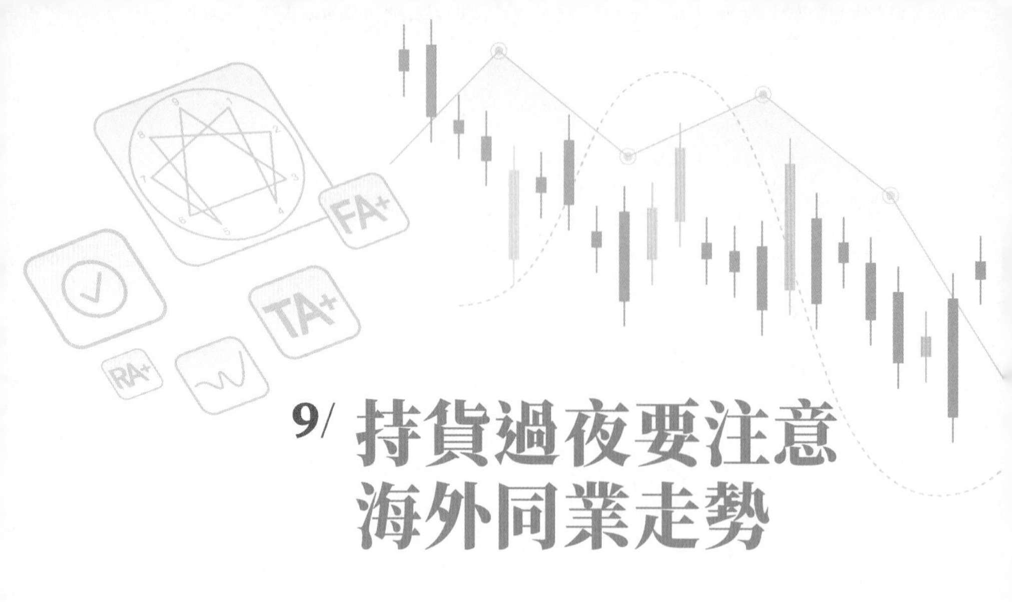

9/ 持貨過夜要注意海外同業走勢

炒股真的不簡單，你要時刻保持市場觸覺，特別是不少港股品種頗受隔晚外圍同業股份影響。好消息固然好，相關港股有機會高開，否則不幸遇上重磅負面消息，翌日相關港股隨時裂口低開，真不知是否應該忍痛止蝕。

以下幾個行業要特別注意。

一、航運股

留意航運業龍頭、總部設在丹麥、處理全球六分之一貨櫃貿易的馬士基（Maersk），向來被視為全球貿易的寒暑表，該公司若有盈利預喜或預警，調整運費，又或發表行業展望，很多時都對航運股有一定指導性影響。馬士基於丹麥哥本哈根交易所買賣。

二、金屬資源股

智利是全球最大的銅生產國，當地一旦出現銅礦罷工、政策調整，以至嚴重天災如地震，都會影響市場評估供應問題，從而導致銅價波動。此外，也要留意海外鋰礦行業消息，智利為僅次於澳洲的全球第二大鋰產國，2023年4月智利總統Gabriel Boric宣布擬將鋰礦收歸國有，以推動經濟及保護環境，強調對智利有戰略價值的項目，國有企業必須在合營中佔控股地位。

大齊鋰業（09696）持股美國上市的智利化工礦業（SQM）於2023年4月21日（周五）股價收市急插18.6%，天齊其後股價亦受拖累。另外，投資者亦宜留意於美股上市的雅寶（Albemarle Corporation）（ALB），公司屬全球鋰礦業巨擘，股價波動可以影響本港相關上市公司，

三、汽車股

特別是全球電動車龍頭特斯拉（Tesla）動向，2023年1月6日（周五）港股交易時段，外電報道特斯拉中國宣布大規模減價，當中Model 3後驅版減幅達13.5%；減價對內地本已競爭激烈的新能源車市場屬負面的消息。加上中國長達13年的新能源車補貼於2022年底到期，使業內面對更大挑戰。

特斯拉減價消息觸發內地電動車股，包括小鵬汽車（09868）、理想汽車（02015）、零跑汽車（09863）及蔚來（09866）跌幅介乎約4%至7%，當中小鵬稱不跟隨特斯拉降價，股份於1月9日再跌逾8%。

四、其他

包括：手機設備、太陽能、體育用品，又或創科實業（00669）的最大客戶家得寶（Home Depot），往往海外股票會聯動相關港股。

所以「過夜」風險很多時是你預計不到的，投資切忌「重注」在單一股份或單一行業板塊上。

10/ 有人這樣教你接飛刀

近年坊間出了不少很厲害的高手，在視像分享平台上頗受歡迎，他們「教你炒股技巧，人生從此有保障」、「完美運用盤路分析個股趨勢」、「獨家連續99個月短炒獲利秘技分享」。最後發覺，他們都傾向操作波幅大的細價股。

他們更會說就算是「垃圾股」，只要找到上升波段，就一樣有獲利機會；相反，他說投資者經常要尋找優質股長揸，分分鐘會害死你，因為盲目揸價，失去止蝕決策。好了，對於這句「盲目揸價，失去止蝕決策」。我是認同的，因為買賣任何股票，都要有止蝕部署。

不過，豈料這位以教盤路分析的高手，竟然多次介紹即市暴跌的細價股，話教你如何在「跌浪」當中尋反彈機會。天啊！這不是跌浪，是洗倉式崩盤！你是教人「空手接落刀」啊！其中一隻實戰案例，是此書出版前市值不足10億元的亨鑫科技（01085）。

亨鑫科技股價於2023年3月24日突以大成交暴跌，這位短炒高手竟然談到有方法可以捕捉大跌過程中的反彈機會！亨鑫科技當日最低位是1.5元，收報2.16元，大跌六成一。當然，你有本事在1.5元買入，又能於收市價沽出，回報可達44%！

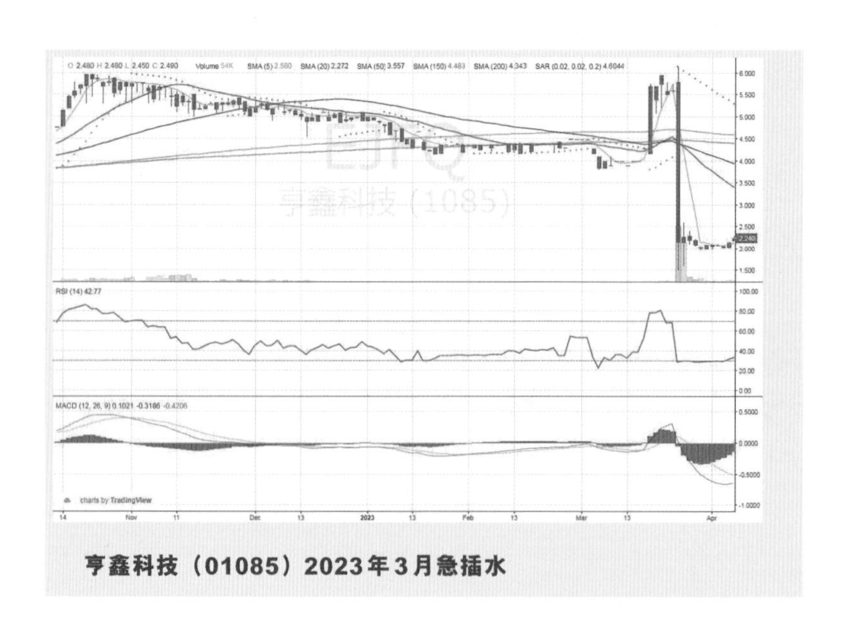

亨鑫科技（01085）2023年3月急插水

這是極高風險的操作，你不知股份會否中途停牌，也不是跌六七成是否當日極限，略為反彈後，再殺跌也很有可能，沒有業績支撐的虛高股票，一兩日暴瀉九成也有可能的，例如前稱「友聯租賃」的友聯國際教育租賃（01563）。你僥幸今次贏錢，下次遇上類似情況的細價股，一定又想照板煮碗。長期下去，定必上癮，一旦閃避不及，一定招致遍體鱗傷。

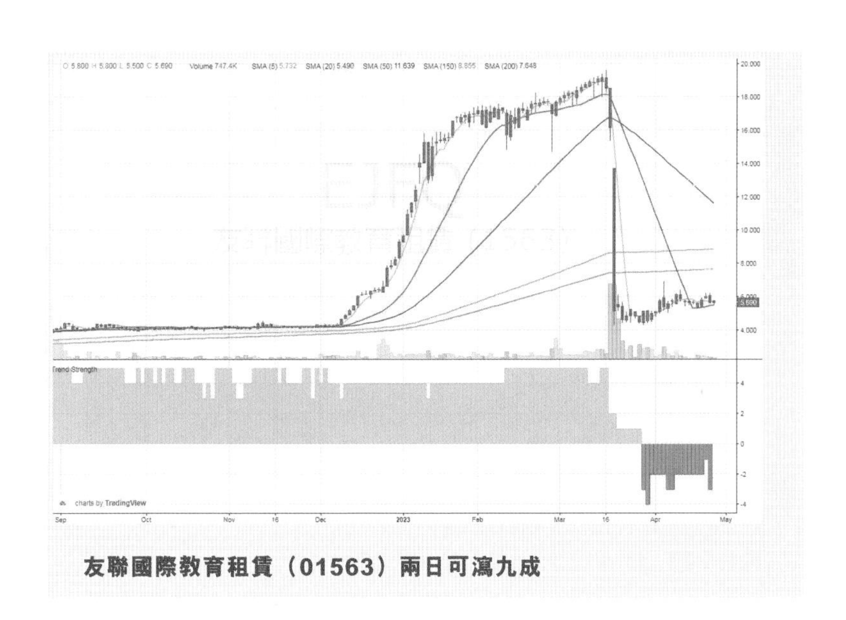

友聯國際教育租賃（01563）兩日可瀉九成

用錯的方法贏到錢並不是值得鼓勵的事。無規矩不成方圓，用了對的方法便多數能事半功倍。投資當然都不會例外，靠運氣可能會有一時三刻獲利，但要保持長期利潤就要正規方法了。

EJFQ系統經過數據分析，設計了「成交額不足」、「經常急跌」及「核數師發出非標準報告」3種警號，對一段時間內經常出現過警號的股票當然要有戒心，敬而遠之。

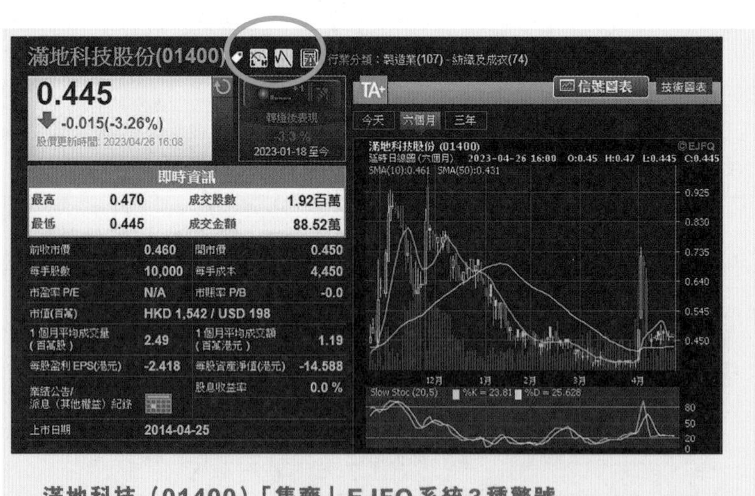

滿地科技（01400）「集齊」EJFQ系統3種警號

11/ 真人真事
才會讓人刻骨銘心

這裏要分享一件真人真事，再說明為何同一隻股票，大家同一日買，結果可以完全不同。

事緣2023年4月3日晚上，一位沒聯絡多時的粉絲（化名為馬小姐）於社交媒體向我問好，之後問到一隻我曾在電視台節目介紹的海普瑞（09989），公司主要在亞洲、歐洲、北美及澳洲從事生物製藥研發、生產、服務及貿易，以及在亞洲和北美開展投資業務，公司是肝素原料藥（API）龍頭企業，亦為「港股通」股份。

以下為對談內容「濃縮版」：

馬小姐：之前你介紹的海普瑞還在，虧了好多。當時是13元買，現在5.5元。

杜比：啊！很久以前的事了（事後翻查資料是2021年2月18日星期四節目上介紹，足足兩年多），很多股票妳是寧願死守不肯止蝕的，那去年的熊市怎過（恒指2022年10月底創下13年半新低），股價跌六成，要大概升1.4倍才平手。那麼9989當時佔妳投資組合多少比重？

馬小姐：三分之一，9萬5千股，虧死了。

杜比：不是吧，怎可能佔那麼大比重！

馬小姐：現在還要不要補？

入市未考慮注碼

杜比：妳知市場上的股票基金，最大持股的比重一般都不超過8%的嗎？妳作出決定時，完全沒留意注碼是多少，也沒有向人諮詢意見。股市是充滿不確定性的，早已轉弱勢的股票，補完貨後妳心理上會否舒服些嗎？

馬小姐：現在沒信心補了。

杜比：那就是了，記住要分散投資，切忌企圖一注獨贏，不要盡信專家。

馬小姐：你説會漲回來嗎？

杜比：我會重新關注這股票，可能較合理的做法是等待顯著反彈時沽出部分。

馬小姐：好的，沒問題，我聽你的。能不能買吉利(00175)？(我沒回覆她)

當日的對談就此結束，我心裏挺難受的，原來馬小姐過去經常犯上的毛病，一直也沒有改善。

我找回了2021年2月18日下午本人的投資專欄「短線出招」，當時記錄了當日上午於大台的節目內容，是篩選「獲分析員看好但走勢仍然落後」的「港股通」股份 ，條件如下：

- 「滬/深港通」股份
- 現價低於150天線
- 現價高於10天線
- 分析員評級數目 ：5個或以上
- 分析員評級佔比：建議「買入/增持」佔比達80%或以上

- 股本回報率（ROE）高於10%

最後在篩選結果中找了海普瑞作為推介股份，指公司為AH兩地上市的「港股通」股份，是肝素原料藥（API）龍頭企業，該API主要用於治療靜脈血栓栓塞和肺栓塞。旗下的依諾肝素製劑獲得歐洲市場廣泛認可，2019年市佔率約18%。繼6月進入瑞士突破非歐盟市場後，2022年9月依諾肝素打入另一個重要市場——美國，順利推進全球布局。

達標不套利　跌市未止蝕

此外，該公司通過投資布局涵蓋腫瘤免疫、II型糖尿病併發症、耐藥菌等多個新型療法創新藥研發領域，當中不少產品已進入關鍵臨床階段，未來有望打開中長期增長空間。海普瑞2020年頭三季度收入35.42億元人民幣，按年增約一成三；純利7.1億元人民幣，上升近6%；扣除非經常性項目後純利6.06億元人民幣，多賺1.73倍。

內容又指出：「海普瑞目前獲5個分析員給予投資評級，4個建議『買入/增持』，目標價高達30.8元。海普瑞A股（002399.SZ）當日曾報20.66元人民幣，意味H股折讓達五成。」

專欄當時又寫到：「今早介紹前股價錄輕微跌幅，之後最多急升近一成七，已接近14.5元初步目標，宜回吐再作部署，並留意

北水持股變化。」

根據海普瑞2020年12月至2021年8月走勢圖，2021年2月18日上午於推介後以大成交急升，當日收報13.6元，漲10.4%；翌日股價衝高至14.68元，收報14.6元，上漲7.4%，已升抵節目時定下的14.5元止賺目標。

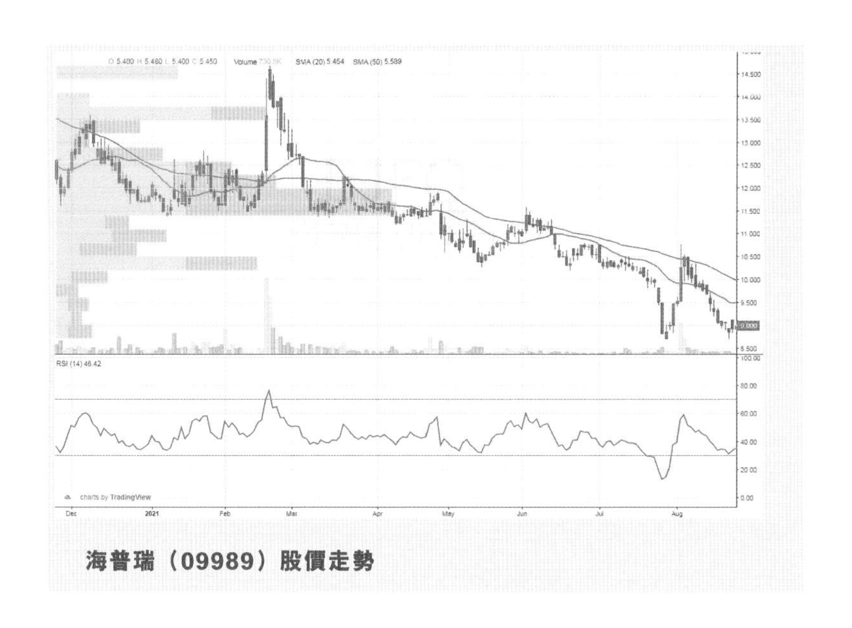

海普瑞（09989）股價走勢

2023年4月11日，今次是我主動聯絡馬小姐。

杜比：請問9989是不是2021年2月18日買的？

馬小姐：嗯嗯是的。

杜比：當日節目我定14.5元為目標價，當日收報13.6元，升10.4%，翌日再升7.4%，報14.6元，已達標了。妳真的沒有沽出部分獲利？13元買，14.6元也不走？

馬小姐：當時沽出部分獲利，但是跌下來的時候又補貨了。你不是說業績好嗎？

杜比：之後大市見頂進入熊市啊，更可況業績當時是好，但不代表永遠好。2021年2月，騰訊（00700）股價是700元以上！總之，不能押重注在一隻股票上，走勢不如預期要果斷止損，轉弱勢去補貨極危險，愈補愈跌。

馬小姐：講這些已為時已晚。

杜比：當然啊，但可從中學習，以後提升能力。

馬小姐：我覺得股票就像賭博，已經失去信心。

杜比：股市是賭場，勝敗看人性。（對談結束）

有關止蝕的重要性，我是不止一次跟馬小姐講解，但人性就是這樣，要執行實在不易。馬小姐犯上的問題實在太嚴重，我歸納了四點：

一、她當時顯然非常相信我，但凡是我的讀者，也知道我一向的策略是很清晰的，她卻把短炒策略變成長揸，當中更補貨溝淡。曹Sir股場名言之一：「溝上唔溝落」，但有多少人能領悟得到並貫徹執行。

二、愈分散投資，你愈會捨得把走勢不如預期的單一股份沽出止蝕；相反，重注某股份，甚至想一注獨贏，股價一跌，你愈不想忍痛止蝕，又或者「麻醉」自己説一日未沽出，一日都還有希望升回買入價。這種錯誤我以前也經常犯，當然交過不少學費了。現在至少會沽出止蝕部分（例如一半或三分一），之後若再升再沽，把損失減低；相反，第一注沽出止蝕後，股價若再急跌，你心理上也不會太難受，慶幸自己沽了部分，否則虧損更大。

三、馬小姐説「覺得股票就像賭博」，其實是她本人有很強烈的賭博心態，以大博更大。老實説，我寧願她遠離股場，也不想她一錯再錯。

四、請不要經常幻想轉牛角尖，投資路上是要不斷成長的，這條路不應該是寂寞的，至少你可以在EJFQ分享區提出問題，表達意見，理性討論，一齊進步，投資也要身心健康。

12/ 跟輪證做朋友？

你知我知，槓桿愈大，潛在回報亦愈大，同時你面對的風險也愈大。很多人就是總有一個大毛病，就是認為買得輪證，就是一個「博」字，以小博大，幾千博幾千，幾萬博幾萬！賺最少一倍才合理，相反輸掉也區區一萬幾千，不肉赤，不死人！

3號成就型及7號享樂型，若果他們參與輪證炒賣，往往因為較性急，貪求一個「快」字，其實他們只是處於後市可升可跌的「五五波」的情況下落注，勝算根本不大。可能聽得多「快狠準」這類「型爆」的所謂炒股技術，覺得機會來了就不可錯過。之後若贏錢，當然要食髓知味；若蝕錢，不忿氣，下次再來，有賭未為輸，唔炒唔知運氣好！

散戶難掌握引伸波幅

衍生工具發行商也「迎合」這類散戶的「需要」，在早上交易時段的財經節目上，即市介紹高風險條款的窩輪、牛熊證產品。假設推的是恒指牛熊證，發行商就提供一些下跌300、400點就被收回的牛證，實際槓桿可以達30多倍，有如賭博，其實風險多大啊！你覺得吸引嗎？自己想想吧！

我們也問過一些具豐富經驗的投資者，即使他們常常作中短線買賣，也非常肯定說不會參與任何窩輪牛熊證買賣，終生不碰！原因大致如下：

一、發行商為窩輪計價，當中一個重要因素就是「引伸波幅」(Implied Volatility，可簡稱IV)，引伸波幅是反映市場及發行人對相關資產價格波動性的預期，一般散戶見正股異動就追入相關輪證，其實與此同時，IV已被扯高，意味你買的成本就愈貴，之後正股波幅若收窄，IV亦急縮，輪價就跌得較多。引伸波幅高低純粹由發行商決定，雖然說參考期權市場交易得出的引伸波幅水平為窩輪計價，不同發行商計價方法都可能不同，試問一般散戶點會識咁多？

二、買賣差價可以很闊，這可能是股價突然波動，發行商都唔敢開價太貼。按港交所指引，發行商為交投活躍正股權證的主動報價買賣差價最闊為10個價位，這變相提供一個合法但

對投資者不利的遊戲規則。

三、「總之，莊家又係你，開價計價又係你，咁唔公平嘅遊戲，我一定唔會碰；要做槓桿，我寧願借孖展！」

所以，這本書是中立的，完全站在投資者及交易者角度。對於九型人格中1號完美型、5號思考型，以及容易起疑的6號忠誠型，都很難會接受輪證工具，至於要挑戰難度，輪證要玩得精叻，好好發揮槓桿回報，以下三點可注意：

一、要玩就玩牛熊證

牛熊證雖有收回機制，惟價格不受引伸波幅影響，投資者也毋須把時間值因素作主要考慮。牛熊證是相對「公平」，只要評估正股潛在波動性，揀對合適條款，不貪圖槓桿，例如5至10倍的槓桿比率已足夠，牛熊證的風險是可控的。

二、極端行情時才出手

請記住，短炒不代表頻密操作，最好等待一年只有幾次的極端行情，即是日線及周線也同時出現嚴重超買或超賣時才出手，然後要揀選保守的條款，可以「過夜」做Swing trade。千萬不要在可升可跌的橫行市下做輪證交易，一博錯邊，又不肯止蝕，虧損可以很大。

三、目的是對沖注碼不宜大

總之我就是不大貪，心態上是希望為投資組合做對沖，即明知大市很可以超買回調，但組合卻不能沽清手上做中長線投資的股票，於是利用適當槓桿，買點衍生工具做對沖。輪證投資金額，一般不宜超過投資組合的2%。

因此，又是那句投資格言「風險是來自你的無知」，不了解自己在做什麼，不了解產品特性，幾乎注定失敗。其實，投資衍生工具未必一定屬高風險，只要用得其法，它們便可成為對沖風險的有效工具。

第三章／

中線投資——掌握時機及節奏

中線投資最適合上班族，無論順勢而為還是逆向投資，最後都取決時機及節奏的掌握。這部分介紹獨特的技術分析方法，以及透過最強選股器鎖定值博股。

1/ 中線投資要兼顧三個層面

據史丹溫斯坦（Stan Weinstein）對「中期」的定義，是6周至4個月的變動周期，你也可以認為一個月左右的交易周期也屬於中線投資。

中線投資可能是股市中最多人聚集的操作範圍，因為本身較適合上班族採用，沒有「日內交易」（day trade）及一周左右的交易那麼需要專注短期走勢，但中線投資者同時也能享受「波段交易」（Swing trade）的快感，因為「波段交易」持倉時間通常為兩天到數月不等，故此也覆蓋了中線投資的「射程」範圍。當然，不少投資者因為短線炒賣失利導致賬面虧損，被迫淪為中線投資，甚至長線投資也有。

我告訴大家，中線投資絕對不容易處理，因為參與者最少要兼顧影響你決策的三個層面：

- 宏觀形勢及最新消息面
- 公司基本面及最新消息面
- 大市技術面及個股技術面

短線交易者一般不太在意環球大局，一般只專注股市內的短期機會，至於中線投資者，就相當關注宏觀形勢變數及其變化。

每日都有新難題考考你

不同時間，宏竟哪一個因素對股市影響最大，不同專家及機構的分析着眼點也不一致，那相信誰好？哪些消息其實只是雜音，不用過分放人？一兩個重磅政經消息，對市場帶來「震撼弾」的影響力，會維持中期抑或短期？難怪不少人認為股市走勢本身是不可預測的，技術分析幫助不大。總之，世界形勢每日就不斷有新的題目要考你，但你又不能不理。

「美債孳息倒掛幅度創42年最闊，預示經濟衰退即將殺到？投資如何是好？」

「日本央行突然轉向（2022年12月20日），難道快將結束超寬鬆政策，日圓急升，何去何從，如何影響環球資金流向？」

「以沙特為首的OPEC+突然宣布進一步減產（2023年4月初），

惹怒了拜登，美國通脹率之後會否再回升？油價上升是短暫，最終要看全球經濟好壞？」

「繼續留意美國數據，核心通脹、失業率、有『恐怖數據』之稱的零售數據、非製造業PMI都不要忽視……聯儲局加息到幾時？2023年底有望減息？減息原來對股市不利，有無例外？」

「人工智能（AI）發展是否真的利好美國大型科技股，納指2023年至今已升了一成七，還會升嗎？」

「中美脫鈎論甚囂塵上，大國博弈會最終如何發展；又話南海/台海局勢緊張，隨時擦槍走火，投資要小心？拜登咁老還要爭取連任，什麼總統周期理論有多準？世界在變，去全球化、去美元化都是大課題，如何分析？」

以上種種，還有每個星期都有的數據公布，央行議息完結個多月後會有下一次，你說中線投資是不是很被動？還有，你持有的股票隨時遇上季度、半年及末期業績，不知市場及外資大行如何反應？怎樣判斷股價已完全反映（Price-in）有關因素？這隻股票獲大行上調評級及目標價，是否值得現價買？有人相信是牛市一期，有人認為屬熊市二期？「黃金交叉」（短期平均線升越長期平均線）出完不久又話有「死亡交叉」（長期平均線跌穿短期平均線）！頭肩頂/頭肩底、島形頂/島形底、杯柄型走勢、RSI頂背馳/底背馳、MACD雙牛好定熊牛好；STC同KDJ有何分別，

見「金叉」要買，見「死叉」要沽？這個技術指標用哪個參數好？日線圖超買，但周線圖不錯，究竟睇邊個？

所以，中線投資不會較短線/長線交易簡單吧！

若果你是5號思考型，你不會覺得累的，因為投資過程中可以獲取及累積知識，滿足感很大，聽專家拆局有如聽故仔，趣味盎然，「好多東西未搞清楚，可能真的買多幾本投資書，報多幾個課程讀了。」

構建適合個性交易系統

若果你是1號完美型、2號博愛型、6號懷疑型，又或者9號和平型，可能看完這篇後都不敢亂買股票了。

投資的確不簡單，說到尾都是值博率/概率問題，再配合嚴格執行投資紀律，長期能贏多輸少已很了不起。參與股市的最終目的是賺錢為主，就需要把事情化繁為簡，在你選擇投資周期/時間框架內拿好重點，有系統地建構適合你個性的交易系統，才是投資王道。

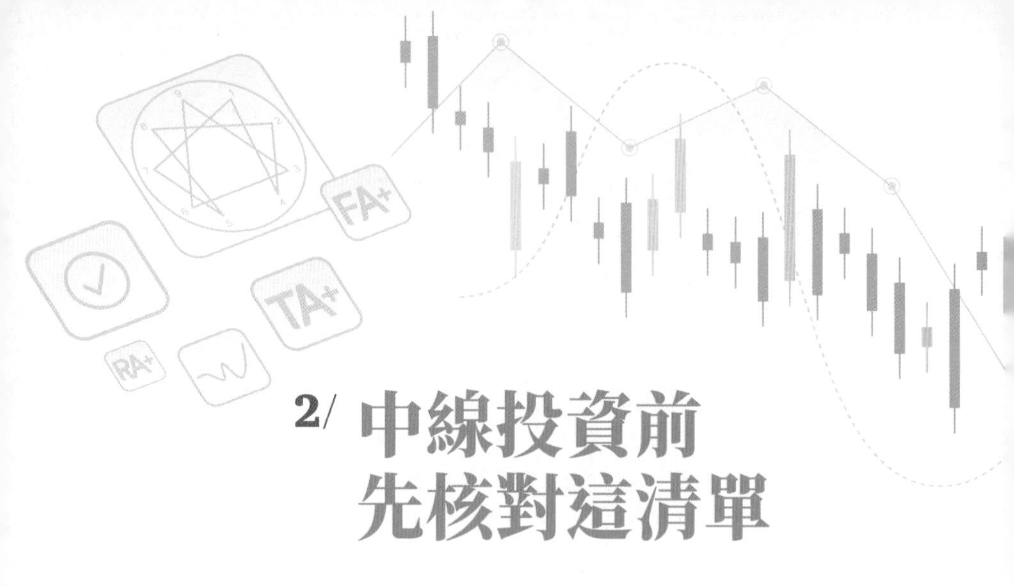

2/ 中線投資前先核對這清單

我們之前都講過，股票買賣切忌衰衝動。以下列了一份中線（6周至4個月）投資買入前清單（check-list），以技術分析為主。買任何股票前，都建議你利用EJFQ系統內的功能，核對一下這份清單，共有8項條件，若果連一半即4項都不能符合，一旦買入只會較大機會令你處於下風，你最好要想清楚才落注。

入市前清單8條

- 5天線高於20天線
- 股價高於50天線
- 拋物線SAR指標向好
- 股價高於30周線

- **勢頭能量強勢綠燈；又或勢頭轉弱紅燈格數不能多於1格**
- **周線輪動圖（RRG）不是處於「落後」方格**
- **慢步隨機指數（Stochastics, slow STC）的%K值不能高於90**
- **沒有「成交額不足」警示**

首先講講「5天線高於20天線」，我建議你在圖表平均線的設定中加上5天平均線，好讓你每次打開圖表，都觀察到這條很多人會忽略的平均線。一隻股票若果5天線是低於20天線，你無法肯定股價是處於短暫調整，還是處於持續弱勢，留意若果5天線向下而斜度愈大，其股價一般短期內難有運行。相反，5天線高於20天線是中短線走勢利好的特徵，特別是5天線向上且斜度是比較大，便更為理想。

「股價高於50天線」就最易理解，華爾街交易冠軍、暢銷投資書《超級績效》作者馬克米奈爾維尼(Mark Minervini)，主張選擇「第二階段」(即處於上升期股票) 作投資標的，其中最基本的條件，就是最低限度股價需要高於50天線。

50天線簡單而重要

「拋物線SAR指標」是1970年代，由世界有名的技術指標大師，威爾斯威爾德（Welles Wider）發明。SAR是「Stop And Reverse」縮寫，是趨勢停止與反轉的指標，原本趨勢停止了逆轉成另一種趨勢，例如跌勢停止變成上升浪，簡單來說就是止蝕加反手的概念。

拋物線SAR指標會在走勢圖上用一個一個圓點來標示，圓點在價格或指數之下是利好；相反，圓點在價格或指數之上是利淡。雖然該指標不宜獨立使用，但一旦給它捕捉到趨勢，可以讓中短線投資有個很好的參考。

中線投資睇30周線

中線投資也需要觀察周線圖，「股價高於30周線」是技術分析大師史丹溫斯坦標榜的「理想買入時機」。除了大家慣常使用的「簡單移動平均線」（Simple Moving Average, SMA）外，也可以觀察「指數移動平均線」（Exponential Moving Average，EMA）情況，後者更接近史丹溫斯坦的分析模式。EMA是以指數式遞減加權的移動平均，各數值的加權影響力隨時間以指數式遞減，愈近期的數據權重影響力愈大。

熟悉EJFQ系統的朋友當然不會對「勢頭能量」（Trend

Strength）感到陌生，作為中線選股，強勢綠燈股一般會「秤先」，另外，一些已開始改善的弱勢股，也有機會醞釀轉強，故此選股過程也可接受一些勢頭轉弱紅燈格數未有多於1格的股份。

輪動圖顯示相對表現

EJFQ系統另一個王牌指標是RA+輪動圖（RRG），中線投資要睇「周線輪動圖」，盡量避免買入處於「落後」方格且持續向左下方走的股份，因為這個形象化的圖表正顯示股份往往正處於中期弱勢，相對動力及相對表現皆不理想。

除非輪動圖顯示股份正有跡象從「落後」方格準備走向左上方的「改善」方格，否則你買入一隻一隻「落後」股，是永遠不知道何時才會見底回升。

以海螺創業（00586）為例，該股2023年4月6日周線輪動圖剛進入「落後」方格，留意相對應的股價走勢圖，當時買入贏面自然不高。

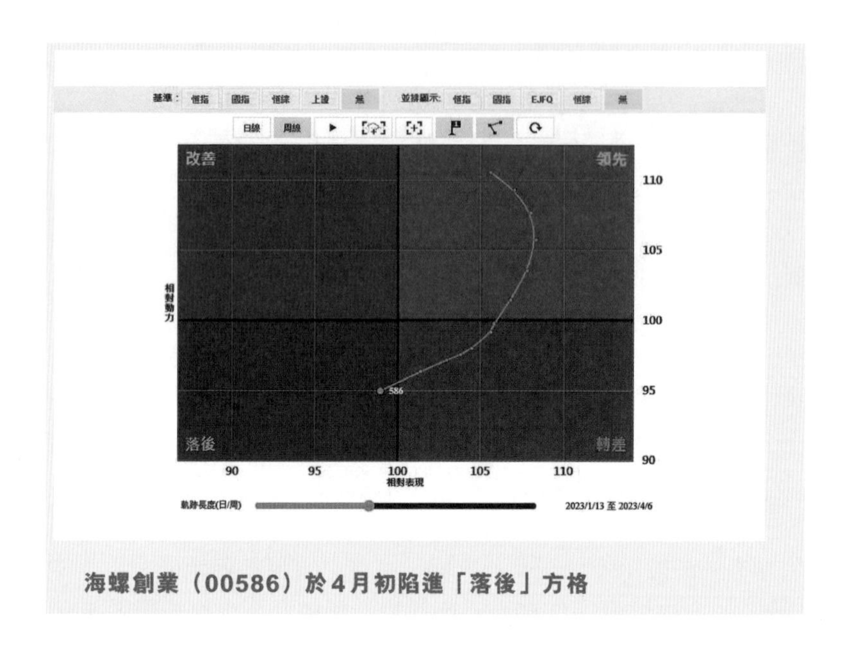

海螺創業（00586）於4月初陷進「落後」方格

雖然「買股要買強勢股」，但始終最好是「買當頭起」，若果買入一隻明顯技術超買的股票，可是買了後要揸價，不妨參考慢步隨機指數（slow STC），若果快線的%K值高於90，就最好不要大注高追了。

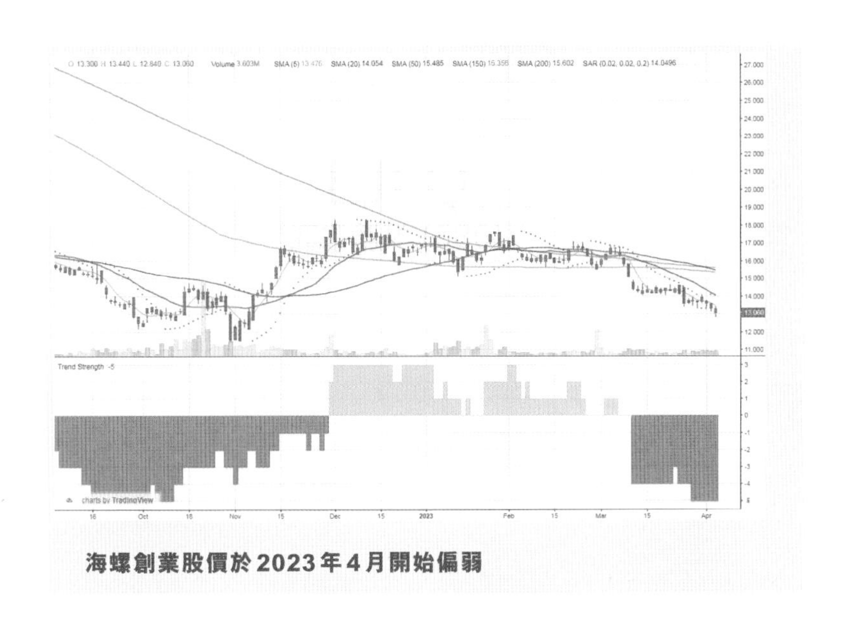

海螺創業股價於2023年4月開始偏弱

EJFQ系統可助篩選

這份清單沒有限制你不要買入市值低於什麼水平的股票，但EJFQ系統獨有的「成交額不足」警示，即股份3個月平均（EMA）成交額不足300萬元，便可以幫你篩走交投偏疏落的股份，。成交額薄淡的股票容易受較少資金影響股價走勢，令趨勢反覆，投資者或應避免投資此類股票。

以上8項中線入市前要點，大部分你都可以利用EJFQ系統的「精明選股」進行操作前篩選，儲存好選項，隨時讓你省時高效地初步鎖定值博股。

3/ ROC黃金搭配捕捉入市契機

這一篇極其重要，因為將向大家介紹一款自創的指標組合，可以提供頗具參考性的入市及離場方法。「主角」ROC指標，是（Rate of Change）「變動率指標」的縮寫，這是一種能量類指標，結構簡單，特點鮮明，作為中短期技術分析，相當有效。

ROC指標由Gerald Apple和Fred Hitschler兩人共同於1980年1月出版的《Stock Market Trading Systems》中提出，它通過把當天的價格與若干交易日前的價格進行比較，從而得出價格可知的變動速度大小，進而

得出價格變動的動力大小。它綜合了隨機擺動指標（Stochastic Oscillator）、威廉指標（W&R）、相對強弱指標（RSI）、順勢指標（CCI）等的特點，既可用於分析較為極端的價格走勢，也可用於分析較為平淡的常態情況。

ROC指標公式：
ROC＝今日收市價－N日前收市價 / N日前的收市價 × 100

以今日的收市價和N天前收市價作比較，通過計算股價某一段時間內收市價變動的比例，其實就是現價比舊價的變幅？理論上，ROC數值並無上限，負數最低為-100。如果將參數設為30，其ROC指標數值是當天收市價與30個交易日前收市價的變幅。

然而，如何決定ROC參數（N）？坊間對ROC有不同參數設定，有7、9、14、21、30、50、100、200等，採中庸之道，EJFQ系統圖表設定為「30」，效果不俗。

ROC指標買入訊號：

- 當ROC向上突破0軸線時，表示好方力量強盛，是買入訊

號，投資者可在向上突破日進行買入操作。

以下是ROC指標賣出訊號：

- 當ROC向下跌穿0軸線時，表示空方力量強盛，造空動力強大，是賣出訊號。投資者可在跌破日進行賣出操作。

背馳訊號暫且不用

此外，坊間不少介紹ROC指標都會提到背馳得出的買入或賣出訊號。例如當股價在一段較長時間上漲中創出新高，而ROC卻沒有與之配合創出新高，出現頂背馳（或叫背離），表示上漲動能減弱，頭部即將形成，是賣出訊號。投資者可在股價開始下跌時進行賣出操作，相反亦然。不過，一般投資者不易拿捏得準，更何況很多時背馳訊號是事後孔明的，故此建議「取易不取難」，不考慮ROC背馳訊號作為買賣參考。

好了，現在介紹以ROC為核心選項的指標配搭組合，要互相符合特定條件，才構成買入訊號，故此同一隻股份或指數，一年出現訊號的次數不多（可能不多於3次），有助減少雜訊，且效果明顯比運用單一指標作入市工具要好。

「ROC黃金搭配」買入訊號構成條件如下：

一、鎖定日線圖的ROC（30）升穿0中軸股份

二、觀察股價是否升穿50天線或高於50天線

三、拋物線SAR指標（Parabolic SAR）向好

若以上3個條件均獲滿足，便構成買入訊號；若果3項條件差不多同時間出現，即股價剛升穿50天線、ROC剛升穿中軸、拋物線SAR指標剛轉為利好訊號，效果會更好。另外，鎖定股份最好是市值多於20億元，且交投相對活躍的主板股份。

橫行市參考作用降

拋物線SAR指標以圓點來標示停止點（也稱為反轉點），在上漲趨勢中，股價會在圓點之上；相反，在下跌趨勢中，股價會在圓點之下，因為它畫出來的反轉點類似拋物線，才被稱為「拋物線」指標。SAR的運用很簡單，股價或指數剛在SAR之上就買進持有，當股價剛轉為SAR之下就賣出並反手造淡。

盈富基金（02800）於2022年第四季至2023年4月中的走勢，顯示了期內SAR指標具有一定參考價值。

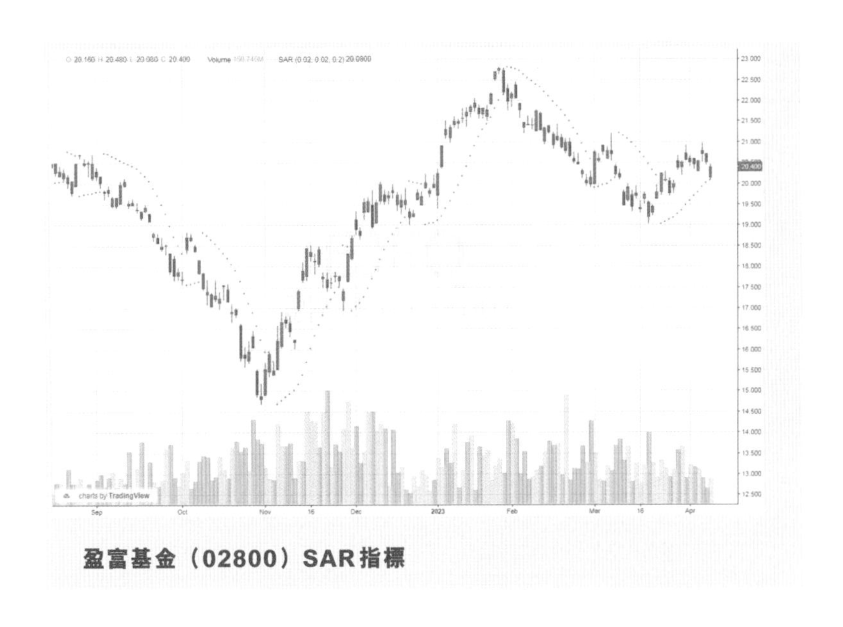

盈富基金（02800）SAR指標

若果你熟悉技術指標，都明白到單一指標會有局限性或缺點。SAR指標也不例外，在上行趨勢明顯時，SAR指標可以助你上移止賺位（相反亦然），期間不易被「震走」，賺取大部分波幅。可是，遇上了區間橫行市況，SAR指標可能頻密發出轉向訊號，買入不久便要止蝕，轉造淡卻又遭挾上，「左一巴、右一巴」，所以SAR指標必須配合其他指標應用。

好了，既有「ROC黃金搭配」入市條件，當然也有離場準則參考：

一、ROC跌穿0中軸

二、價格跌穿50天線

三、拋物線SAR轉勢向淡

為求審慎，若然上述3個條件有兩項（「3中2」）出現便要執行沽出策略，有時候不用等到收市，你已經幾乎知道會觸及這些條件；至於不太確定時，例如未知股價會否最終收於50天線之上，也可等到收市才確認，待翌日才執行策略。

用slow STC助部分止賺

能夠較貼市的朋友，你有時候會覺得股價已升了很多，很想沽出獲利，所以此策略亦設計了「部分止賺」的方法參考，實行分注獲利。若果「慢步隨機指數」（slow STC）（參數：20,5,5）於90以上的超買區出現明顯利淡交叉訊號（快線%K明顯跌穿慢線%D），就可伺機獲利。當然，我們永遠不知道這次沽出套利最終是否相對處於高位。

好了，說到這裏，大家大致也明白玩法，是時候分享實例。

滙豐控股（00005）於2020年10月27日ROC升穿0中軸，同時股價明顯突破50天線，收報33.8元，SAR指標早已向好，當日可視為買入時機，之後股價展開升浪，直至2021年1月29日，股價跌穿50天線，ROC失守0中軸，以及SAR指標亦轉為反手造淡訊號，離場訊號明顯，當日收報40.95元，按訊號一買一賣帶來21%回報。

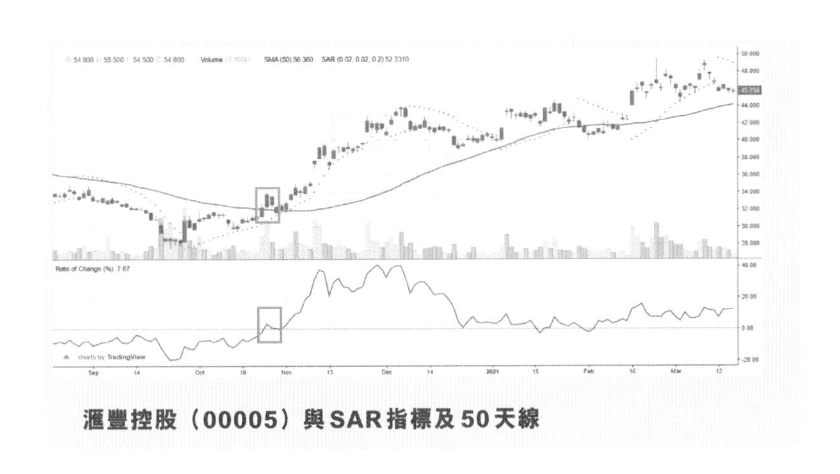

滙豐控股（00005）與SAR指標及50天線

國藥控股（01099）2023年2月10日ROC升穿0中軸，同日股價攀越50天線，兼且SAR指標同時轉為反手造好訊號，完全符合「ROC黃金搭配」的條件，之後股價由20.1元起步，反覆漲至25元水平，兩個月時間升了24%。

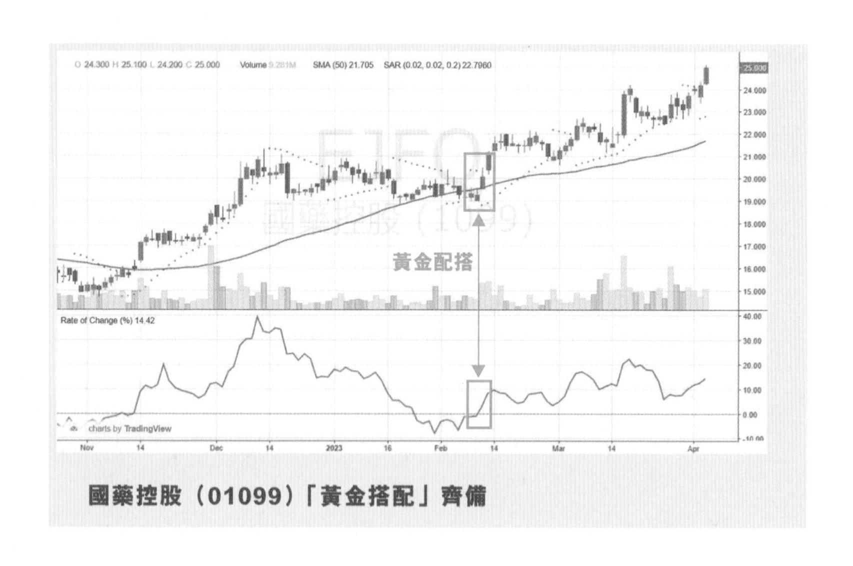

國藥控股（01099）「黃金搭配」齊備

ETF南方A50（02822）於2022年11月30日ROC指標升穿0中軸，股價高於50天線，同日SAR指標剛呈反手造好訊號，符合「ROC黃金搭配」入市原則，當日收報13.01元，升1.2%，之後開展升勢，留意2023年1月17日出現上述提及的「部分止賺」

條件，即慢步隨機指數（20,5,5）於90以上的嚴重超買水平出現利淡交叉訊號（圖最下方藍色的「快線%K」向下插穿橙色「慢線%D」），若當日或翌日沽出部分，應可輕易於14.7元成交，回報13%。

好了，即使錯過先「食糊」機會，2月17日價格跌穿50天線，SAR向淡，出現上述所講的「3中2」的離場準則，當日收報13.85元，屆時才沽售，整個交易仍有最少6.5%回報。

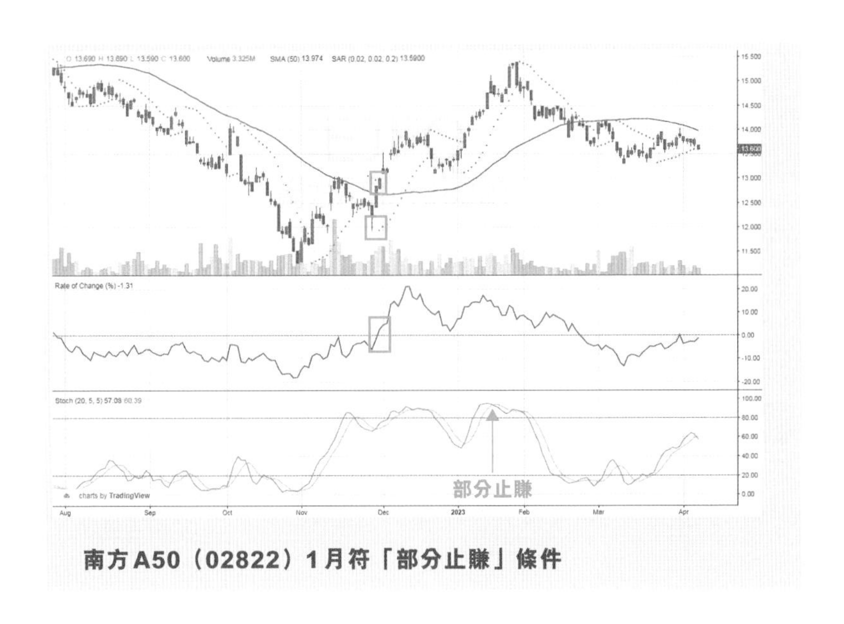

南方A50（02822）1月符「部分止賺」條件

ETF南方恒生科技（03033）2022年11月11日急升10.2%，收報3.444元，剛好重上50天線，ROC亦同時突破0中軸，SAR指標第九日向好，下一個交易日（11月14日）更加確認這個黃金搭配入市訊號，當日收3.508元。直到2021年1月27日高見4.752元後回調，2月20日ROC跌穿0中軸，股價第二日收低於50天線，SAR指標第11日向淡，當日收報4.24元，執行策略，持貨逾3個月獲利23.1%。

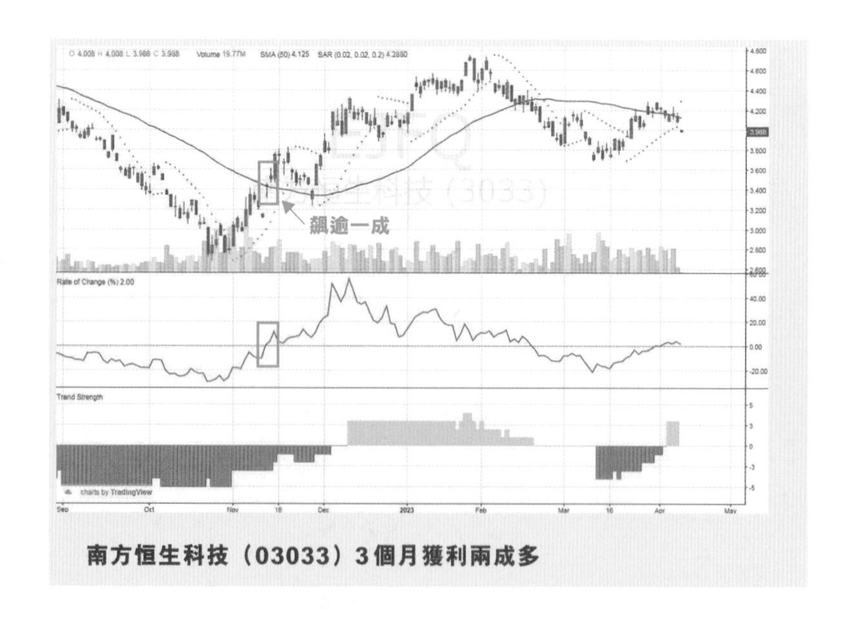

南方恒生科技（03033）3個月獲利兩成多

李寧（02331）於2021年4月7日升5%，收報54.25元，ROC指標升穿0中軸，股價亦高於50天線，SAR指標利好，符合入市準則，到6月28日股價曾衝至105元，之後高位整固，7月27日急挫12.5%，明顯跌穿50天線，ROC亦剛好跌穿0中軸，就7月27日收市價72.35元計，這次「ROC黃金搭配」帶來33.4%回報，並懶理翌日（7月28日）股價再彈15.3%可以賺更多。

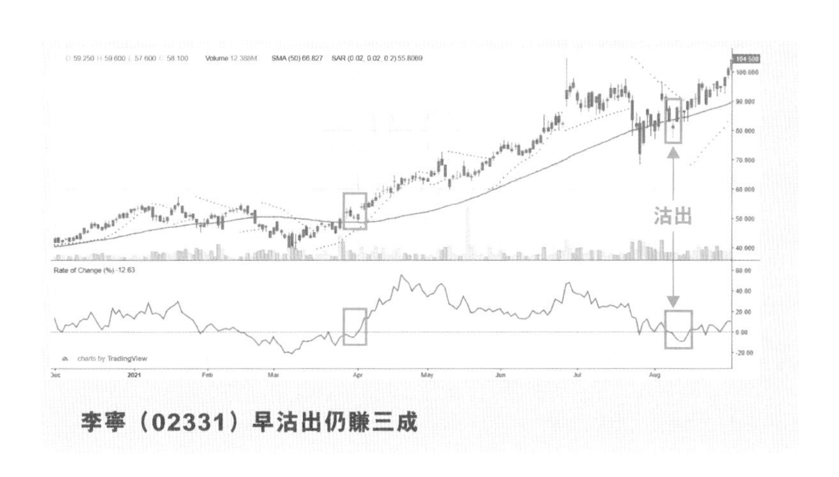

李寧（02331）早沽出仍賺三成

藥明生物（02269）2022年6月6日股價收市急飆10.4%，報62.9元，ROC（30）剛好重上0中軸，股價也升穿50天線，配合SAR指標已連續4日利好，帶來買入機會，股價之後展開升勢，7月下旬見頂，8月8日ROC指標跌穿0，因SAR指標早已向淡，觸及了「3中2」離場準則，當日收報73.95元，意味「ROC黃金搭配」帶來17.6%利潤回報。

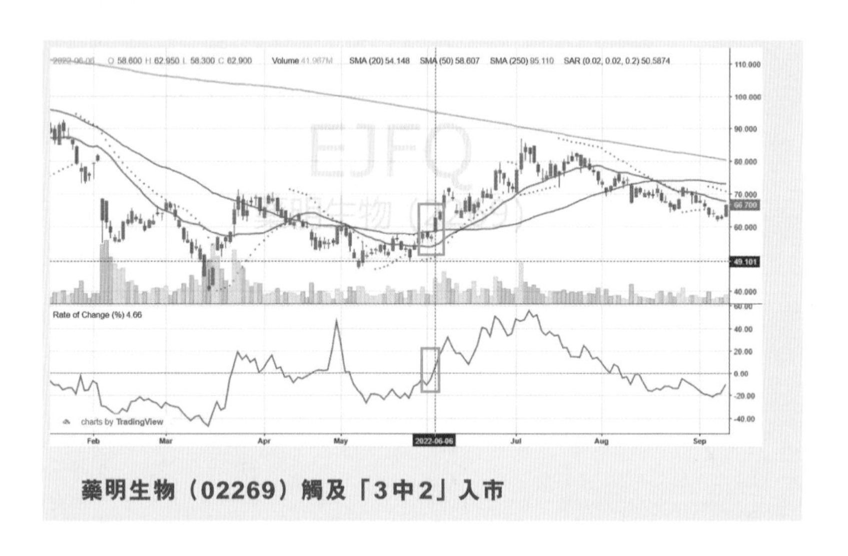

藥明生物（02269）觸及「3中2」入市

信達生物（01801）在2020年12月15日股價高收7.9%報60.65元，突破50天線，ROC剛重上0中軸之上，SAR指標利好，滿足「ROC黃金搭配」的入市條件。股價之後表現強勢，2021年1月21日盤中衝高至107.1元才整固，2月24日失守50天線，ROC同日跌穿0中軸，收報82.05元，離場止賺，兩個多月貢獻了35.3%利潤。

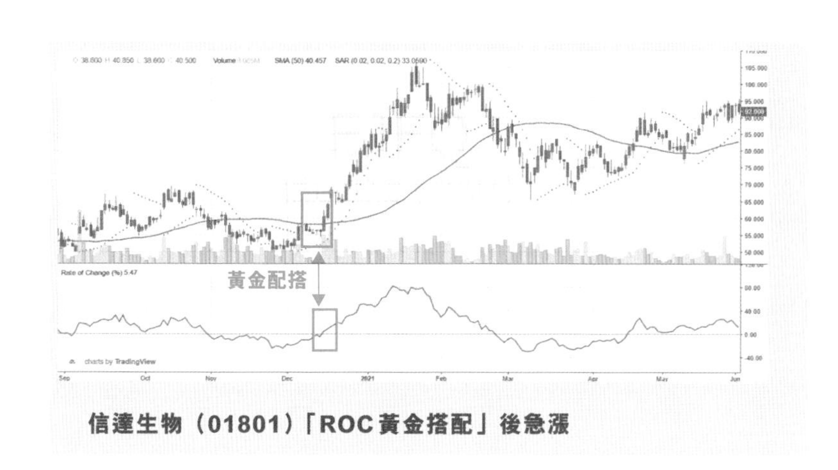

信達生物（01801）「ROC黃金搭配」後急漲

雅迪控股（01585）2023年1月3日飆8.1%，收報14.12元，升穿50天線，同日ROC確認升離0中軸，SAR指標亦於當日出現反手造好訊號，之後股價曾升至19.34元，直至3月10日，ROC失守0中軸，SAR指標亦轉為反手造淡訊號，即觸及「3中2」離場準則，當日收報17.36元，意味兩個多月捕捉了22.9%升幅，「ROC黃金搭配」奏效。

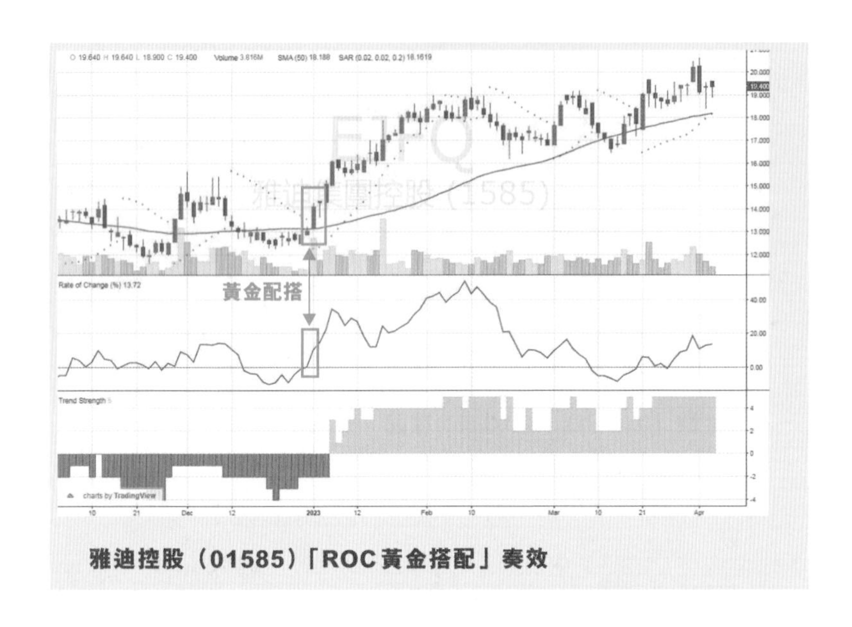

雅迪控股（01585）「ROC黃金搭配」奏效

我們又以務實客觀角度，嘗試多找一些不太理想例子，看這個策略會否令你虧大錢。

金沙中國(01928)2022年6月27日收市急漲7.9%，報16.3元，升穿50天線，ROC剛好升越0中軸，SAR指標亦出現反手造好訊號，符合「ROC黃金搭配」條件，之後股價果然繼續上揚，6月30日高見19.18元，一直未有離場訊號出現，之後到8月18日股價跌穿50天線，ROC低於中軸，SAR指標亦轉淡，收報16.94元，代表一買一賣可能只獲近4%的微薄回報。

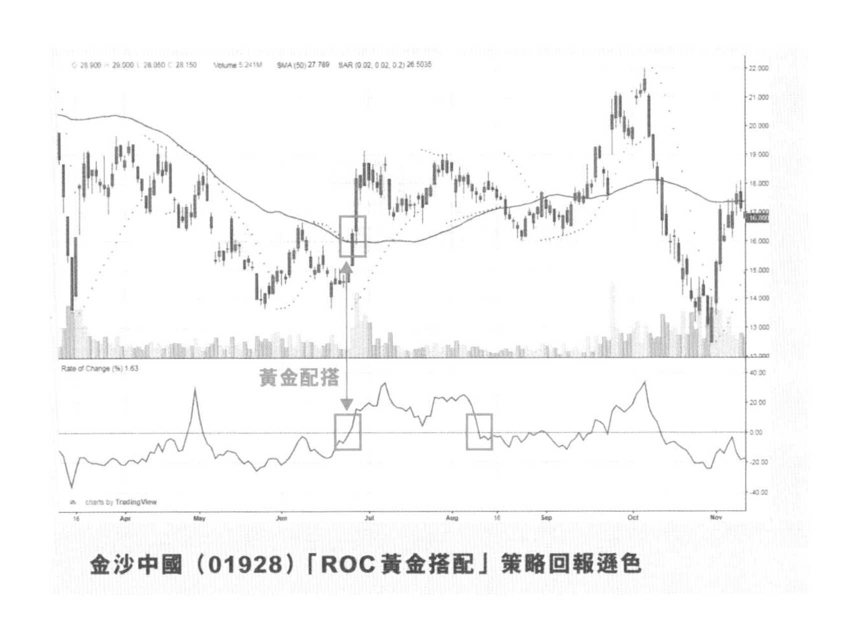

金沙中國（01928）「ROC黃金搭配」策略回報遜色

美團（03690）在2022年11月14日呈先高後低，未能收返50天線之上，翌日（11月15日）勁彈6.3%，收報166.4元，ROC逾一個月以來首重上0中軸，同時升穿50天線，SAR指標利好，符合入市準則；不過，11月16日ROC即跌穿中軸，且11月17日失守50天線，「3中2」情況下，被迫要執行離場動作，當日收報153元，即虧損8%。到11月22日股價收跌8.3%，報139.9元，當日連SAR指標也轉為反手造淡訊號，「3中3」，若選擇當日才止蝕，則虧損達15.9%。

由此可見，美團當時走勢極為反覆，到11月尾又出現「ROC黃金搭配」訊號，該次才出現維持一個較穩定的升勢。

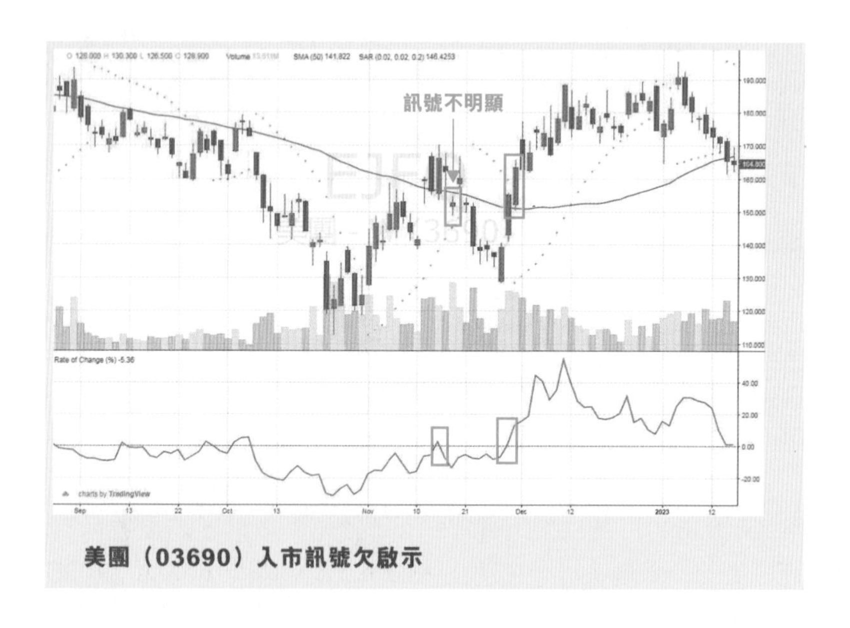

美團（03690）入市訊號欠啟示

我希望大家多點試玩「ROC黃金搭配」，把有關指標儲存在你的圖表設定內。謹記任何技術分析得出的入市策略，都絕不適用於市值太細，交投過分疏落的股份。

4/ 鳥嘴訊號 睇高一線

移動平均線始終是投資者最常用來參考的技術工具，股票分析師或者財經評論員在解答提問時，簡單幾句講講業務前景，然後最實際就是開個股票走勢圖，「睇睇短期內能否重上50天線」、「可能反彈至上面條20天線就遇到阻力」、「等股價短期企穩再説」，總之很多時離不開平均線分析。

「精明選股」助篩出目標

借用日本技術分析大師、也有「日本股神」之稱的相場師朗解釋，所謂的「鳥嘴」，指的就是當5天平均線往上突破20日平均線時的狀態。之所以會取名叫鳥嘴，是因為紅綠兩線交叉所造成尖鋭的三角形看起來就像雀鳥的嘴巴。一定要多留意5天線升穿尤其是正在上升的20天線，若是當日成交放量的活躍股，準繩度頗高。

在EJFQ系統的「精明選股」技術分析項目中，在「20天線」一欄就有「5天線升穿正向上之20天線」，有助初步鎖定範圍。

藥明生物（02269）2022年12月23日，5天線剛輕微升穿正向上的20天線，收報54.05元，聖誕節假期後，12月28日輕微高開0.7%後向好，及時把握機會上車，當日收市再呈大陽燭，令利好「鳥嘴」形態更加確認。2023年1月16日高見77.4元，2月2日，5天線跌穿20天線，當日收報68.1元，意味整個鳥嘴操作帶來約26%回報。

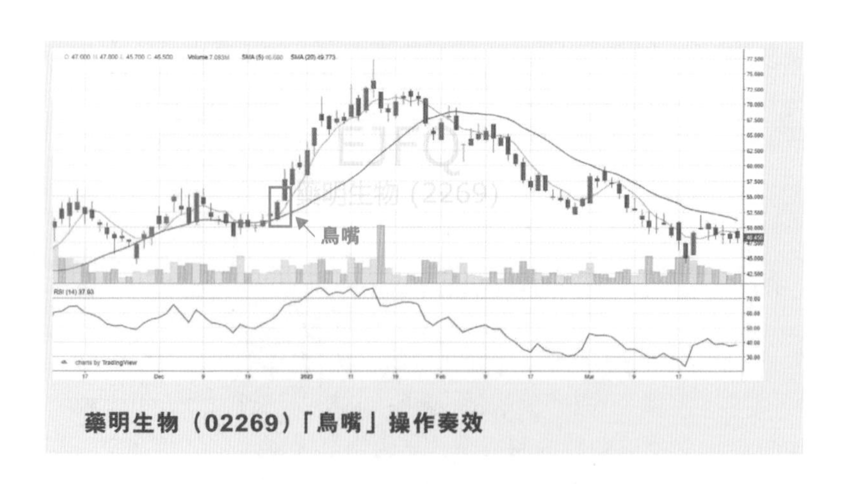

藥明生物（02269）「鳥嘴」操作奏效

希慎興業（00014）2020年11月4日，5天線升穿正在上升的20天線，翌日走勢更形確認，隨後升勢大概由26元升至最高31.15元，12月16日5天線跌穿20天線當日，收報29.05元，以希慎這類收租股來説，一個多月累賺近一成二屬相當不錯。

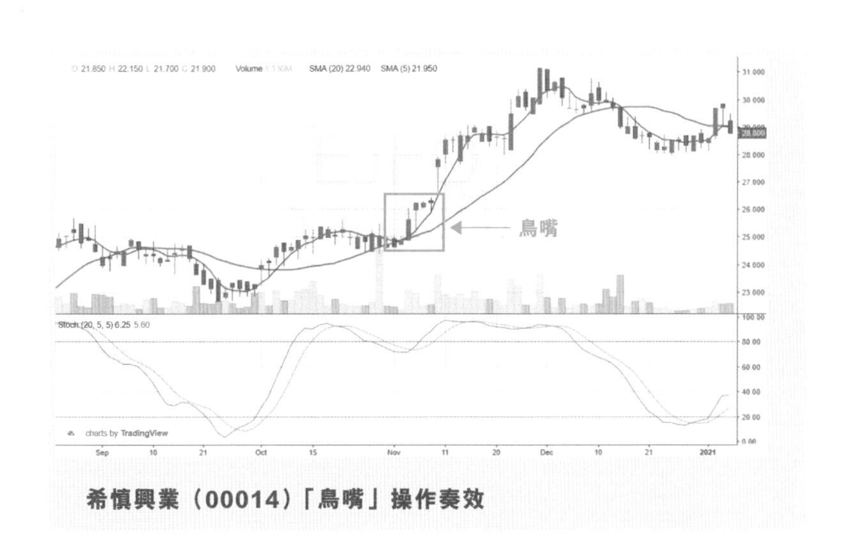

希慎興業（00014）「鳥嘴」操作奏效

微盟（02013）股價於2022年12月5日高開高走，升穿11月18日高位（5.37元），以接近全日高位收市，報5.84元，急飆18%，成交驟增，同時5天線明顯升穿正在上升的20天線。翌日回吐至5.62元收市，股價反覆橫行整固逾10個交易日，期間5天線一度靠近20天線，之後出現相場師朗所提到的「分歧」，即5天線再度與20天線分離。

12月下旬至2023年1月上旬5天線與20天線並排上行，即所謂的「高中生時間」（中學時期談戀愛不會在人前手拖手）。2023年1月4日，攀至6.28元時，14天RSI漲至75.6，明顯超買，1月18日5天線跌穿20天線，結束一個半月的鳥嘴走勢，仍帶來正回報。

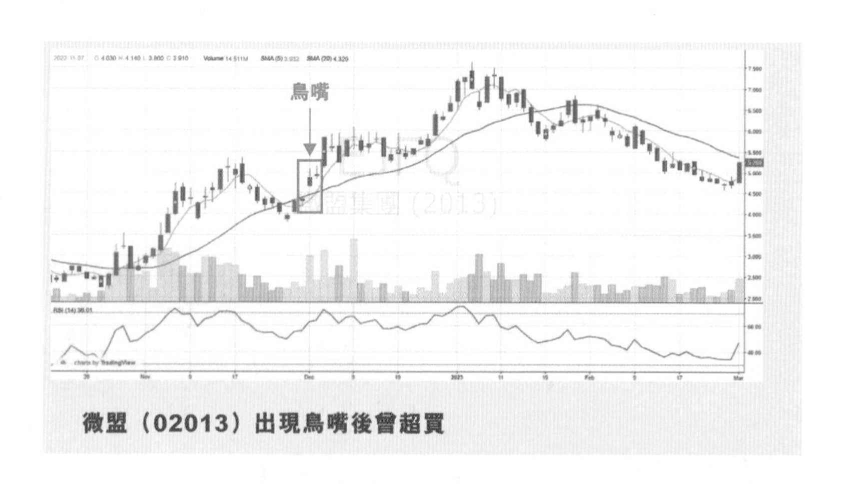

微盟（02013）出現鳥嘴後曾超買

港鐵（00066）2022年12月12日5天線升穿正在上升中的20天線，當日收38.65元，2023年1月30日高見43元，到2月8日5天線跌穿20天線，終於結束整個利好的鳥嘴走勢，當日收報

41.8元，回報約8.2%。

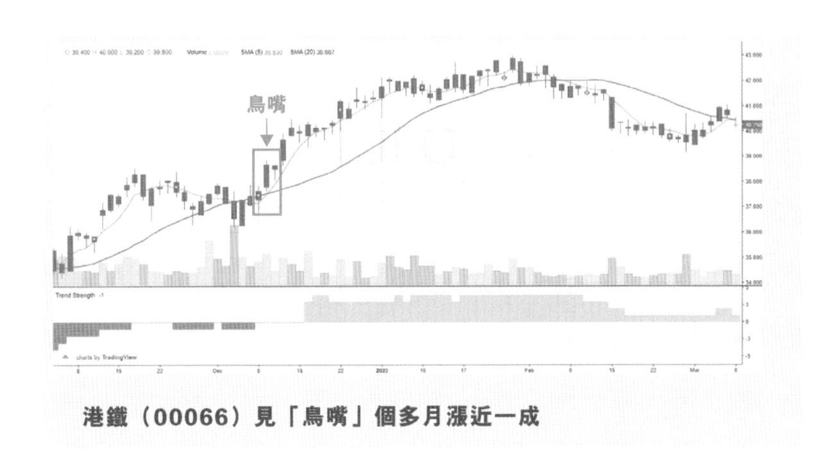

港鐵（00066）見「鳥嘴」個多月漲近一成

中興通訊（00763）股價於2021年7月12日以大成交裂口急飆13.5%，升穿6月30日高位24.6元，SAR指標轉為反手造好訊號，翌日（7月13日）5天線升穿正在上升之20天線，確認鳥嘴訊號，當日收報25.95元；8月4日高見31.75元，8月11日SAR轉利淡訊號，8月17日5天線跌穿20天線，收報26.85元，仍高於鳥嘴出現時的價格。

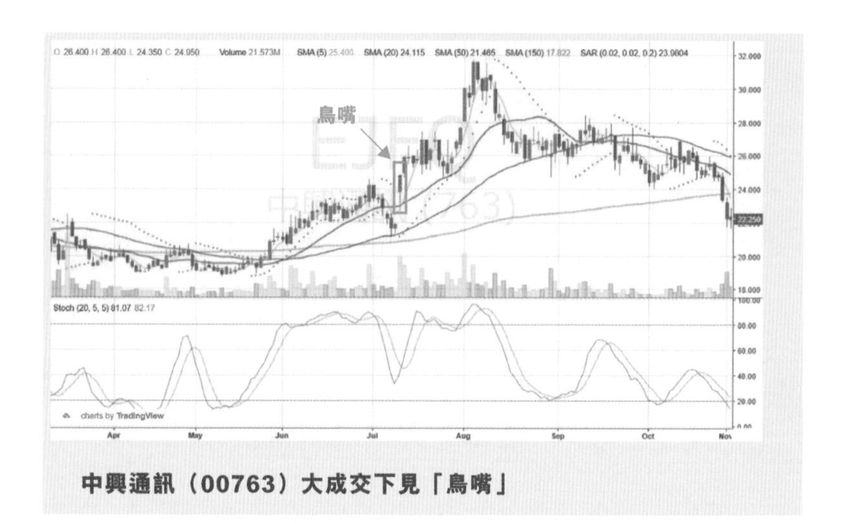

中興通訊（00763）大成交下見「鳥嘴」

5/ 明白左側右側交易有何用？

「股神」畢非德的經典金句「別人恐懼我貪婪」，又有相反的所謂「寧買當頭起」、「有智慧不如趁勢」，究竟如何取捨？

投資策略有分「左側交易」（left-side trading）和「右側交易」（right-side trading），你知道自己是「左側交易者」跟「右側交易者」嗎？

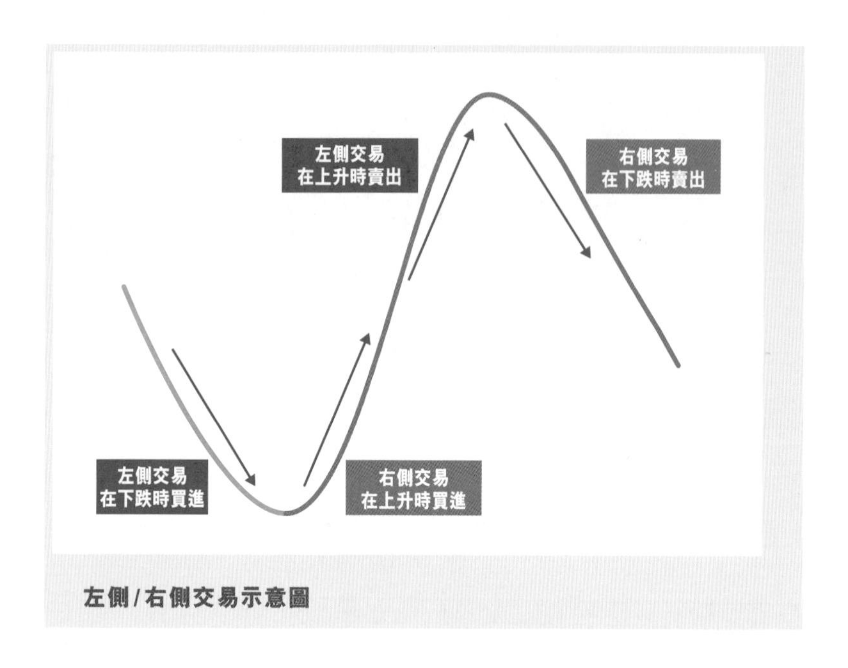

左側/右側交易示意圖

「左側交易」是指：

- 指數或股價在下跌後反彈的過程中，以「底部」為界（以虛線分割），底部左邊的交易行為便屬於左側交易。交易者一般依靠經驗、評估股份內在價值等，預先估計底部位置。當認為接近底部區域時，開始分批趁跌買入，這種行為屬於逆勢操作。

- 同樣道理，反過來看，在上升後回落的過程中以頂部為界，頂部左邊的交易行為均屬於左側交易。交易者預先估計頂部位置，例如推算股價在哪位水平將反映合理價值，甚至是偏高水平，當認為接近頂部區域時，開始趁升勢分批沽出。

「右側交易」是指：

- 指數或股價在下跌後反彈的過程中，以底部為界，底部右邊的交易行為便屬於右側交易。右側交易者會等待確認見底訊號，例如大成交以大陽燭反彈、「早晨之星」、重上50天線、頭肩底，或多日收長下影線等，分批追買。

- 同樣道理，在上升後回落過程中，以頂部為界，頂部右邊的的交易行為均屬於右側交易。他們抱着「升市莫估頂」，一直持有這些強勢股，直至有跡象見頂回落，例如大成交下股價下挫、明顯出現頂背馳、5天線跌穿20天線等，便把手上獲利貨沽出止賺，甚至轉向追跌。

「左側交易」與「右側交易」的比較

項目	左側交易	右側交易
交易形式	逆勢交易策略	順勢交易策略
交易特性	• 左進左出 • 主觀交易 • 抄底逃頂	• 右進右出 • 趨勢交易 • 追高殺低
風險高低	高 （有機會是無底深潭）	低 （一般訂好止蝕策略）
機會成本	大	小
交易成本	低	高
交易頻率	高 （逐次買、分批賣）	低 （一次性買進與賣出）
獲利空間	大	小
止蝕要求	一般不定止蝕	嚴格執行
適用時機	長線	短中線
資金需求	較多	較少
適用對象	基本分析交易者	技術分析交易者

那麼你會問，左側交易好還是右側交易好呢？一般的答案是各自都有優點/缺點，而我認為左側交易難度比較高，大致原因有三：

一、若果在股價開始下跌時便買入，之後碰上大熊市，指數/股價的實際底部比你預期更低；再者，見底不代表可以持續回升，它可以是長期低位盤整，若要用上幾年時間，超講耐性。

二、選股很重要，要肯定股價下跌只是受經濟周期拖累，而非公司出現根本性問題，公司倒閉風險極低，否則一旦看錯可以招致重大損失；

三、持續溝貨下，資金要求高，若涉及借貸，持貨壓力更大。

筆者有個認識多年的財經界朋友，現在活躍於撰寫市場評論。在疫情期間，他已十分看好老牌H股廣深鐵路（00525），從市賬率（P/B）角度分析確實低殘，只要疫情一過必定重新反映價值，可是他愈買愈跌，愈跌愈買，平均價大概1.35元，2022年10月中股價曾跌至1.01元，他仍平常心對待，認真「佛系」。

2023年4月底5月初，他終於守得雲開，否極泰來，公司公布2023年首季按年轉虧為盈，賺4.05億元人民幣（2022年度虧損近20億元人民幣），股價終於兩日爆升兩成半。

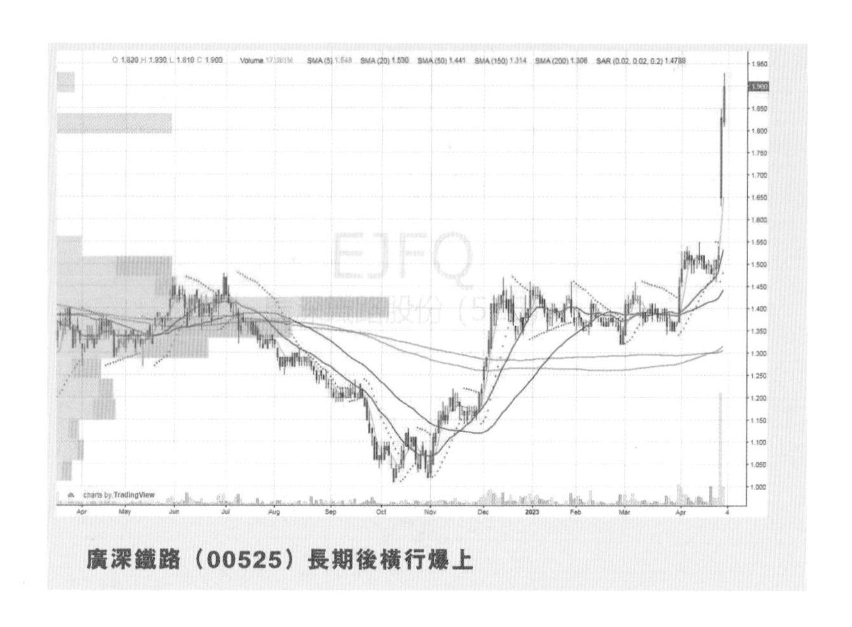

廣深鐵路（00525）長期後橫行爆上

我問他會否趁急升沽出獲利，他竟然説升到3元才恭喜他，那就是説仍未到他認為「左側交易」沽出的時候。

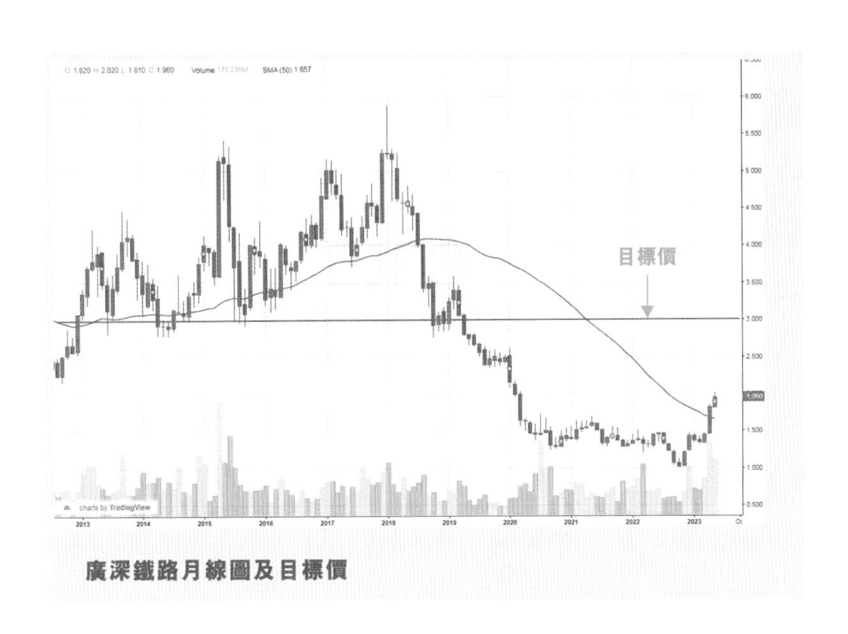

廣深鐵路月線圖及目標價

左側交易較違背市場，「別人恐懼我貪婪」講就有型，做就難。何謂「恐懼」，超賣可以再超賣，極度恐慌到什麼程度，你是無法預知的。更可況你不是畢非德，他老人家説要買西方石油、日本股票，資金就會一窩蜂跟風了；相反，你一味死揸死揇，不知説你信念夠，還是固執得真漂亮呢！

股票投資就是這樣有趣，左側/右側沒分好壞，只要認真學好有關技巧，都有機會取得成功。

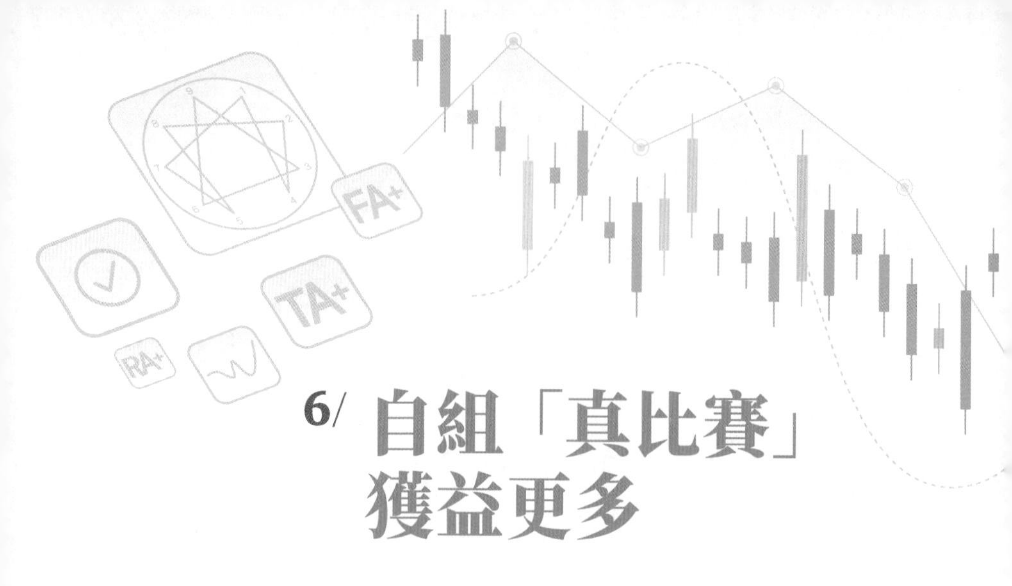

6/ 自組「真比賽」獲益更多

所謂「先學習，後投資」，你都應該聽過以「模擬交易賬戶」(Paper Trading Account) 來體驗一下交易情況，另外，坊間（包括銀行、證券行，以至財經媒體）亦不時舉辦模擬投資比賽，究竟這些模擬操作，實際對你提升交易能力幫助有多大？

你可能也參加過一些模擬投資比賽，唯一目的當然是贏到冠軍，拿走豐富獎金，所以一定放手一博，反正虧的不是錢，有賺冇蝕。

模擬乏壓力　投資要實幹

在沒有壓力時，模擬操作非常容易，但在應對現實情況時，因市場波動所造成的壓力，能否堅守紀律，又是另一回事了。因此，應該用你的若干部分資金進行真實的操作而不是模擬操作。投

資，要實幹，跟游水、踩單車一樣，一定要親身去試，要經歷不同的跌跌撞撞，才能夠真正學識如何面對多變的市場，提升自信及能力。

不過，這裏介紹一個「像真度」極高的模擬比賽，必定有效提升日後操盤能力，講乜都假，落場比試一下！玩法如下：

- 自訂某個月第一個交易日開始比賽，為期一個月：
- 本金100萬元
- 買正股，可買賣正/反ETF
- 不可投資輪證
- 不計算交易費用
- 開WhatsApp比賽群組，參賽者買入及賣出股票時，需要把有關動作即時發送至群組交代，包括列明：買/賣出的股票編號、股數、價格，並且用指定的實時報價把畫面截圖，證明買入或沽出時間，與發送時間是否吻合（例如不可超出1分鐘）。
- 參賽者稍後（例如收市後）需要把有關資料輸入EJFQ系統的

「我的組合」，群組管理員會抽查參賽者輸入的資料是否正確無誤。

- 為反映真實性，買入股票數量應低於相關股票一個月平均成交量，每次買入股票是以每手為單位。

- 參賽者如果覺得大市會跌，可以選擇持現金，不買任何股票，或買反向ETF。

- 以月底收市價計算，總收益最高首三名為勝出者，其餘參賽者則負責出錢請勝出者食飯（可定名次愈低，出錢愈多）。

由於參賽者基本上都互相相識，多少不想在人家面前丟臉，獲勝「有餐食」也很好，於是大家都會認真比賽，研判大市，認真選股。下一篇我會分享2022年11月一場「閉門比賽」，過程及結果都值得大家思考以月為目標的中線投資，究竟落場時會面對什麼問題。

「真」投資比賽靠群組發送買賣證明，過程緊張刺激

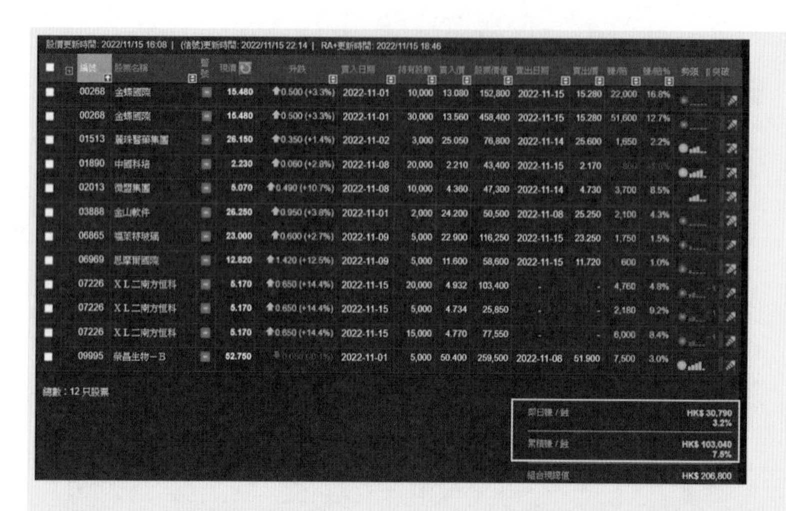

股價更新時間: 2022/11/15 16:08 | (信號)更新時間: 2022/11/15 22:14 | RA+更新時間: 2022/11/15 18:46

編號	股票名稱	警號	現價	升跌	買入日期	持有股數	買入價	股票價值	賣出日期	賣出價	賺/蝕	賺/蝕%	勢頭	突破
00268	金蝶國際		15.480	0.500 (+3.3%)	2022-11-01	10,000	13.080	152,800	2022-11-15	15.280	22,000	16.8%		
00268	金蝶國際		15.480	0.500 (+3.3%)	2022-11-01	30,000	13.560	458,400	2022-11-15	15.280	51,600	12.7%		
01513	麗珠醫藥集團		26.150	0.350 (+1.4%)	2022-11-02	3,000	25.050	76,800	2022-11-14	25.600	1,650	2.2%		
01890	中國科培		2.230	0.060 (+2.8%)	2022-11-08	20,000	2.210	43,400	2022-11-15	2.170	[illegible]	[illegible]		
02013	微盟集團		5.070	0.490 (+10.7%)	2022-11-08	10,000	4.360	47,300	2022-11-14	4.730	3,700	8.5%		
03888	金山軟件		26.250	0.950 (+3.8%)	2022-11-01	2,000	24.200	50,500	2022-11-08	25.250	2,100	4.3%		
06865	福萊特玻璃		23.000	0.600 (+2.7%)	2022-11-09	5,000	22.900	116,250	2022-11-15	23.250	1,750	1.5%		
06969	思摩爾國際		12.820	1.420 (+12.5%)	2022-11-09	5,000	11.600	58,600	2022-11-15	11.720	600	1.0%		
07226	XL二南方恒科		5.170	0.650 (+14.4%)	2022-11-15	20,000	4.932	103,400	-	-	4,760	4.8%		
07226	XL二南方恒科		5.170	0.650 (+14.4%)	2022-11-15	5,000	4.734	25,850	-	-	2,180	9.2%		
07226	XL二南方恒科		5.170	0.650 (+14.4%)	2022-11-15	15,000	4.770	77,550	-	-	6,000	8.4%		
09995	榮昌生物－B		52.750	[illegible]	2022-11-01	5,000	50.400	259,500	2022-11-08	51.900	7,500	3.0%		

總數：12 只股票

即日賺 / 蝕 HK$ 30,790 3.2%

累積賺 / 蝕 HK$ 103,040 7.5%

組合現時值 HK$ 206,800

用EJFQ系統輸入比賽資料，藉此計算最新賺蝕情況，供參賽者查看

7/ 一場峰迴路轉的投資比賽

真人真事，我們這場「閉門比試」於2022年11月1日開始，共7位來自不同部門的同事參賽，分別有：Brian、Horace、Ken、Kevin、Ray、Ronald、杜比。

港股經歷2022年10月底低見14597點的13年半低位，11月1日開局比賽第一天，即迎來顯著反彈，當日恒指其實僅高開172點，報14859點，參賽者一開始未算太進取，注碼不大。Ronald的「市感」不錯，買金蝶（00268）及金山軟件（03888）；杜比買萬洲（00288）和新秀麗（01910），亦「跟」Ronald買金蝶，似以對方為假想敵，不過注碼不大，每隻股份平均佔組合不足10%。

「開賽」適值港股谷底

突然間，Kevin做出一個令群組嘩然的大膽動作，竟用盡購買力，於10.04元（約當日中間價）買入9.9萬股藍籌內房股龍湖（00960），明顯是博價殘股反彈，冀來個先發制人，立即令各參賽者大為緊張。

那邊廂，Ray似乎仍然不看好後市，當日逆市買入兩倍槓桿反向的南方恒指ETF（07500）。Horace取態亦審慎，重點買入兩倍反向的南方納指ETF（07568）。Brian下午加入戰團，買李寧（02331），佔比一成八，算進取。當日恒指愈升愈有，最多飆6.4%，收市升5.2%，報15455點；恒生科技指數最多爆升9.3%，收市進賬7.8%，報3075點。其實當時市場傳出中央設「專家小組」研究放鬆防疫，消息未經證實，惟市場照樣炒作，只是當時極少人敢確定大市已見底。

11月2日，本港下午掛八號風球，港股提早收市，恒指再升2.4％。「港股通」當日淨買入創7個半月新高，達76.72億元。「一注獨贏」策略的Kevin當日把握了機會，於10.86元悉數沽出龍湖，勁賺8.1萬元！大幅拋離對手。之後的交易日，一直未有動手的Ken小注買相對仍然強勢的愛康醫療（01789），不過事後證明熊市反彈過程中，之前未有下跌的強勢股表現相對呆滯。

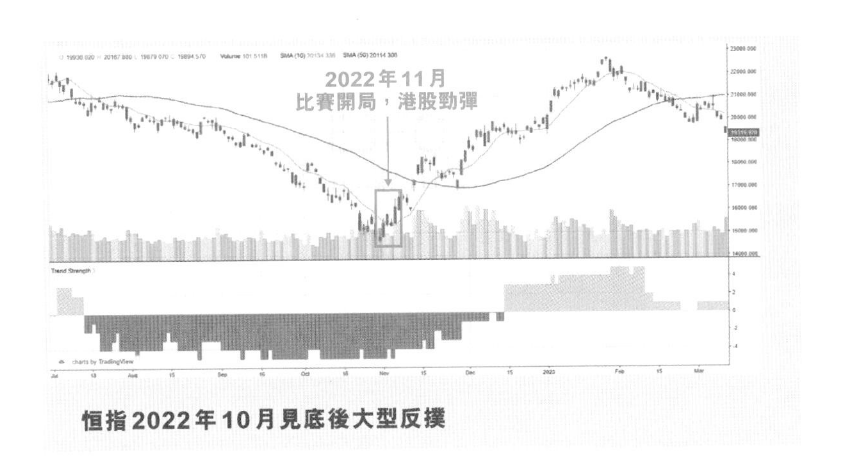

恒指2022年10月見底後大型反撲

11月3日，Kevin又發動攻勢，重施故伎，斥近100萬元，以每股63.75元買阿里巴巴（09988），而且好像如有神助，阿里翌日（4日）竟曾爆升21%，外電報道，美國上市公司會計監督委員會（PCAOB）已提前完成在香港對中概股的首輪現場審計工作。不知是否太「大貪」，被群組冠以「股神」的Kevin當日竟沒有沽出鎖定巨利，之後阿里股價曾打回原形。

去到11月14日（周一），科指大幅高開5.6%，當時阿里股價已重拾動力，Kevin以70.6元悉數沽出，又大賺近10.7萬元。當日大市高開低走（科指最後僅升1.8%），恒指升294點，報17619點，兩日勁升9.6%。他隨即又斥近百萬，買入二倍反向的南方恒科（07552），明顯是相信大市一輪反彈後將迎來調整，博於

10月上旬約3700點受阻回落。

可是，今次事與願違，11月15日港股續現升勢，科指急升7.3%，Kevin初嘗挫敗，他持有的南方恒科收市急跌15.7%，賬面蝕達12.6萬元，排名由第一位跌至第四位，取而代之是一直擅長「搭順風車」的Ronald，杜比及Brian則分別位列第二及第三位。

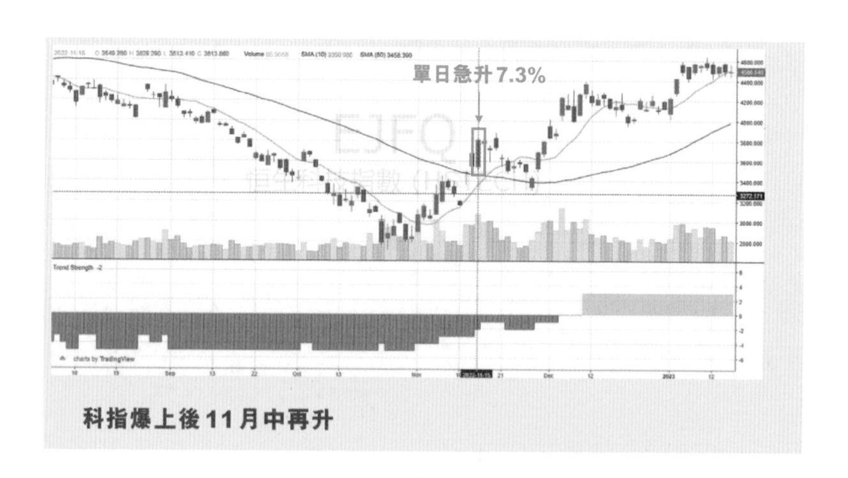

科指爆上後11月中再升

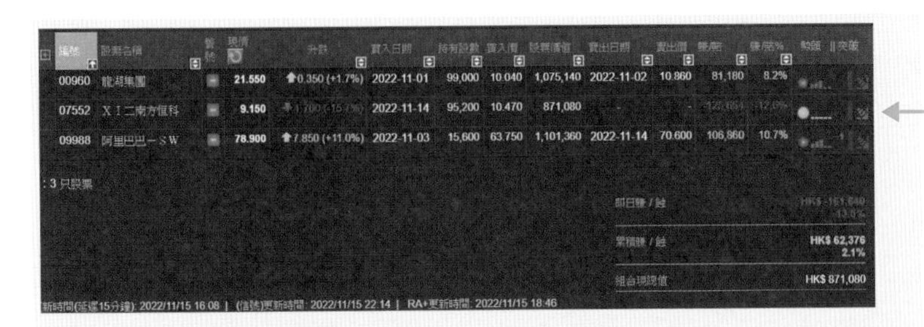

編號	股票名稱	警號	現價	升跌	買入日期	持有股數	買入價	股票價值	賣出日期	賣出價	賺/蝕	賺/蝕%	訊號	突破
00960	龍湖集團		21.550	0.350 (+1.7%)	2022-11-01	99,000	10.040	1,075,140	2022-11-02	10.860	81,180	8.2%		
07552	XI二南方恒科		9.150	[illegible]	2022-11-14	95,200	10.470	871,080	-	-	[illegible]	[illegible]		
09988	阿里巴巴－SW		78.900	7.850 (+11.0%)	2022-11-03	15,600	63.750	1,101,360	2022-11-14	70.600	106,860	10.7%		

:3 只股票

即日賺/蝕	[illegible]
累積賺/蝕	HK$ 62,376 2.1%
組合現證值	HK$ 871,080

新時間(延遲15分鐘): 2022/11/15 16:08 | (信號)更新時間: 2022/11/15 22:14 | RA+更新時間: 2022/11/15 18:46

Kevin錯判形勢，於11月14日買入南方恒科（07552），翌日（15日）賬面虧損12.6萬元。

之後戰況緊湊，港股亦終於出現短暫調整，Kevin一直持有的南方恒科由之前慘蝕變大賺，重奪榜首位置，可是他沒把握機會沽出獲利。相反，Brian和杜比手風不錯，緊隨Kevin其後。

比賽進入最後直路，港股期指結算日（11月29日）及月結日（30日）兩日勁升1300點，創逾兩個月高，波幅較大的科指兩日爆升10.7%。Kevin完全沒有動作，南方恒科累跌20.5%，大勢已去，最後被擠出「三甲」。

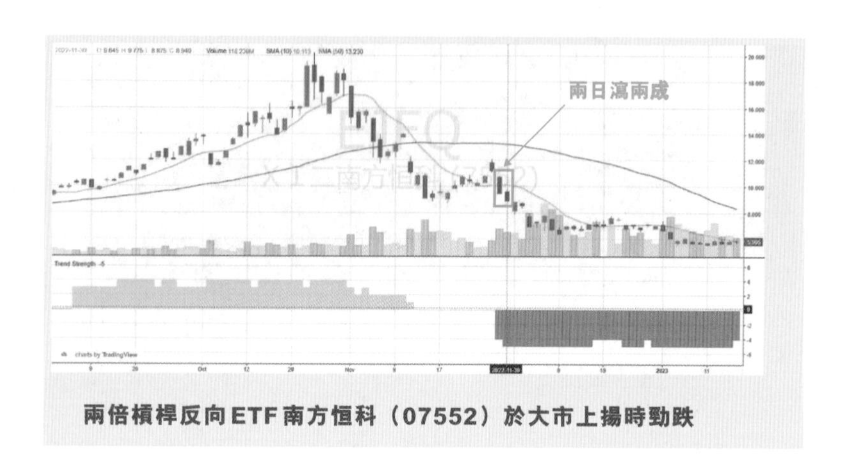

兩倍槓桿反向ETF南方恒科（07552）於大市上揚時勁跌

峰迴路轉下，一直採取「密食當三番」戰略的杜比後來居上勝出賽事，累賺約15.1萬元，僅較第二名的Brian，多賺1.7萬元或13%。

真投資比賽結果

名次	參賽者	累積賺 /（蝕）
1	杜比	150,996
2	Brian	133,520
3	Ronald	54,850
4	Kevin	42,384
5	Horace	3,890
6	Ken	（8,370）
7	Ray	（192,945）

總結今次比賽，有三點值得思考：

一、緊貼市場可能相對佔有優勢，較能捕捉市場機會，一旦看錯可以也能及時修正。相反，個別參賽者可能本身工作關係，參與度甚低，Ken 曾離港外遊，他與Horace一樣，都似乎很珍惜本金，不隨便大注買賣，可見這類有賞罰制度的比賽，會讓人認真對待，也從比賽中反映出他們的個性。

二、多位參賽者途中運用槓桿指數ETF，包括恒指兩倍槓桿反向的南方恒指（07500）、科指兩倍槓桿反向ETF的南方恒科（07552）、納指兩倍槓桿正向ETF的南方納指（07266），反映當時港股「劫後餘生」後，投資者對大市氣氛較敏感，這類產品很適合部署。當然，比賽大部分時間大家均以一注獨贏的Kevin為假想敵，故他持有的南方恒科也成為其他參賽者活躍買賣的對象。

三、分析參賽者表現除了看最終賺蝕外，「最大跌幅比率」也很重要，計算方法是：參賽者資產總值從最新的最高點到之後出現的最新的最低點的最大下跌百分比，即為該賬戶的最大跌幅。有關數字揭示了參賽者可能的最大虧損幅度，這個指標愈小愈好，反映投資策略的表現愈穩定。表現大上大落的Kevin，其「最大跌幅比率」顯然最高。杜比和Brian相對穩定，「勝率」（即把獲利交易總次數除以所有交易總次數）亦較高。不過，好似杜比這樣「活躍度」太高的投資者也非好事，往往反映可能有很多無效率的交易。

好了，一個月的投資比賽，你以為是中線投資，實際上至少3位參賽者屬於短線操作。投機和投資沒有對與錯，只是這兩者所要求的技能是完全不同的方向，你要清楚知道自己的交易風格是屬

於哪一類，學習相對應正確的知識，建立屬於自己的交易系統。

打敗指數很困難

最後一提，比賽一個月，杜比獲得回報15%，其實也跑輸期內急彈26.6%的恒指。打敗指數是很困難的事，你也不要天真地相信「每月輕鬆穩定賺取15%回報！」這類坊間推銷投資課程的慣常伎俩。

投資路上，時勢、技術、心理、紀律缺一不可，都是需要不斷學習、磨練及沉澱。

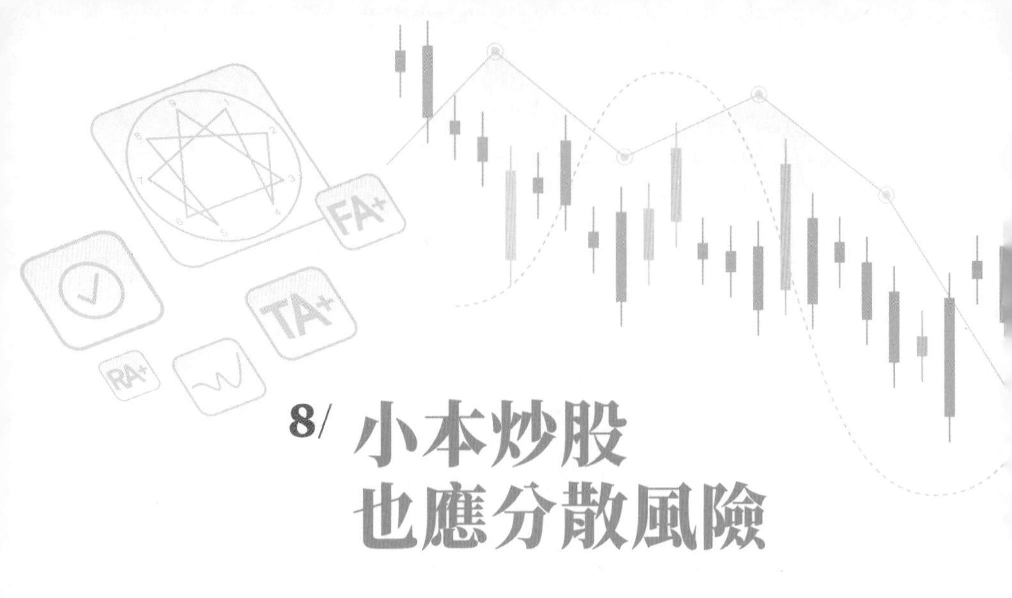

8/ 小本炒股也應分散風險

青年人初出茅廬，除非有父母全力支持，否則炒股本錢一定不多，但他們仍然對將來充滿期望，希望做到複式增長效應，像雪球般不斷把投資滾大。不過，財不入急門，除非你遇上的是一個超級大牛市，否則時刻都應該貫徹「分散投資」這條投資王道。

幾年前有位年輕投資專欄寫手，打造了一個專為「九十後」而設的「5萬本金倉」，於2021年2月中作出一個重大決定，就是把手頭兩隻股票沽出獲利，然後盡用組合現金，於2月17日買入4000股藍月亮（06993），他申報的買入價是16.22元，即斥資近6.5萬買入。

藍月亮之後股價反覆下挫，到5月27日即3個多月後為「組合」檢視，藍月亮股價為11.36元，其實已較5月中低位回升約兩成二，他選擇在股價回升時作檢討，可能是因為不會太難看。

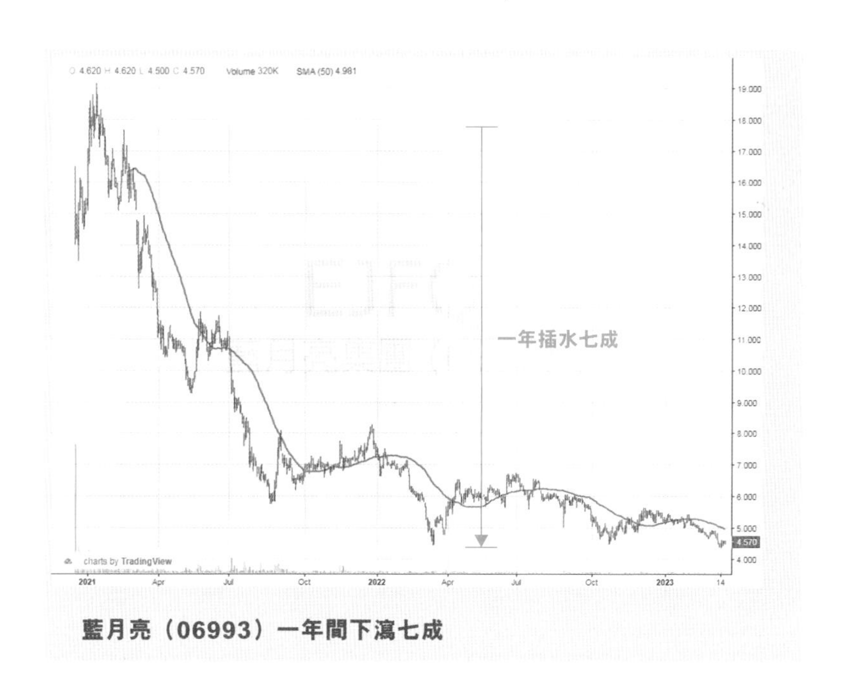

藍月亮（06993）一年間下瀉七成

最不幸的是，他當時沒有調整策略，並繼續持有這4000股，他解釋是「本小」的投資者很難遵守畢非德「師傅」Benjamin Graham第一條戒條「投資記得要確保安全邊際」(Always Invest With a Margin of Safety)」，他又說：「本小的投資者很難遵守第一條，說來說去不過是4000股藍月亮，保持警戒就沒有盈利。」

相信這位青年股評人也預計不到，藍月亮股價在他買入的一年後即2022年3月，跌至只有5元，賬面虧損近七成，由於期間一直沒有向讀者交代，這個5萬本金倉亦因此無疾而終。

從上述例子，大家應該也反思一下，警惕自己不要犯上兩大錯：

一、藍月亮500股一手，上述例子卻買入了8手，把投資組合押在單一股票上，其實風險極大。

二、雖然每隻港股設有每手交易單位，但也有不少大市值股份，一手成本只需幾千元，適合小本投資，某程度發揮分散風險。你也大可以用指數ETF作為組合一部分，較有效地分散風險。

總之，財不入急門，切忌希望靠一注獨贏，給你一次博中，未必次次都中，一次意外，足以一鋪清袋！

9/ 最強選股器 鎖定中線值博股

不要再停留於隨機睇股，亂跟坊間貼士炒股！只要按照喜好條件，自行利用系統篩選股份，滿足感更大！當然要記得儲存選項啊！經過EJFQ團隊努力開發，截至2023年4月底，「精明選股」股票篩選器內的選項達到114個。以下是篩選選項四大分類：

一般

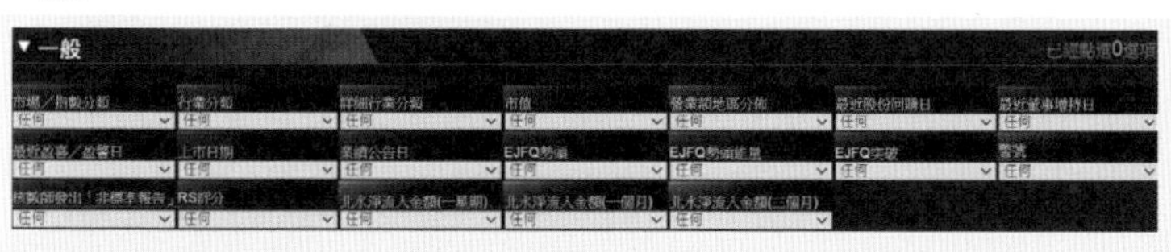

常用選項：市值、EJFQ勢頭、RS評分、回購、北水淨流入

基本分析

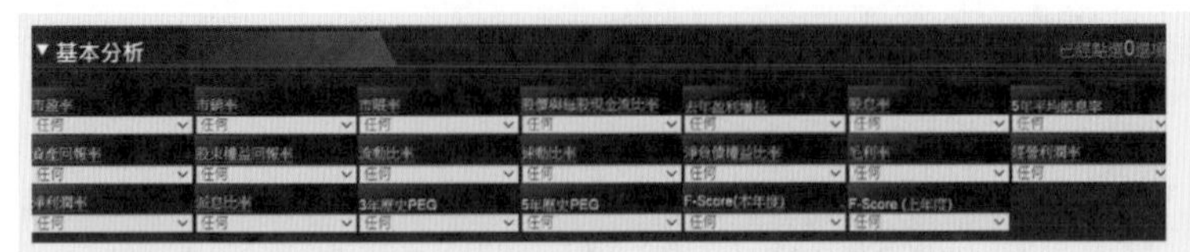

常用選項：市賬率、淨負債權益比率、股東權益回報率、股息率、F-score

技術分析

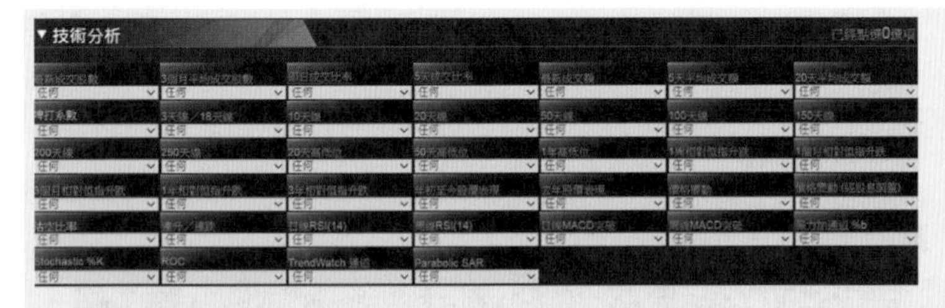

常用選項：20日平均成交額、所有平均線、20天/50天高低位、價格變動、日線/周線RSI、Stochastic %K、MACD、ROC、Parabolic SAR

FA+/RA+選項

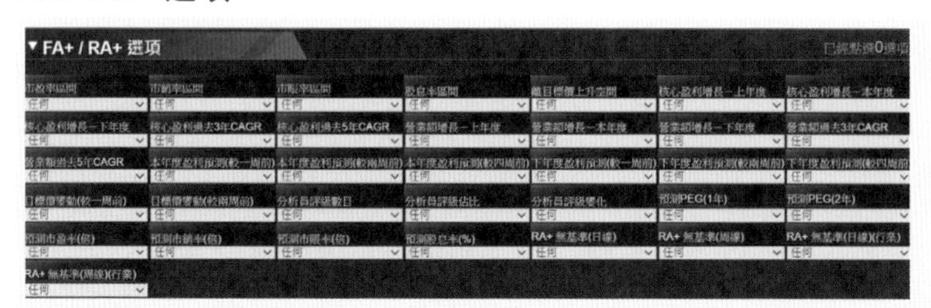

常用選項：市盈率區間、市賬率區間、股息率區間、離目標價上升空間、核心盈利增長、本年度/下年度盈利預測、分析員評級數目、分析員評級佔比、預測市盈率、預測股息率、RA+ 無基準（周線）

學懂使用百餘個篩選條件之後，便可以自訂一些特定要求揀合心水的股份去打造組合，以下會介紹3個運作良好的篩選策略供參考。

一、恒綜強勢股組合策略

核心邏輯：

50萬元模擬本金，盡量平均分配買入10隻篩選股份，每季首個交易日買入，持有至季末沽出；在新一季再用同樣方法篩選，周而復始。多年測試效果令人滿意。

篩選條件：

- 市場/指數分類：恒生綜合指數成份股
- 過去12個月股價表現最佳，選項揀「價格變動（經股息調整）」，即所選擇比較時段皆以扣除股息後股價計算
- EJFQ勢頭：強勢綠燈
- 「相對強度」（RS）：評分高於70
- 20天平均成交額：多於2000萬元
- 分析員評級數目：5個以上
- 預測市盈率區間：低於1個標準差
- 預測股息率區間：低於1個標準差

留意期間若組合持股觸及以下其中一項情況便須沽出：

- 14周RSI升至90或以上（極度超買）
- 突破能量（Breakout strength）連續兩日出現4格或以上的轉

弱紅箭嘴（代表短期突破向下機會增加）

- 勢頭能量（Trend Strength）轉弱勢紅燈

2023年「第二季恒綜強勢股組合」篩選出多隻強勢中資股，其中以中國中車（01766）、國藥控股（01099）、中國通號（03969）及中國移動（00941）表現最為突出。

二、20日內轉綠燈值博股

核心邏輯：

及時捕捉轉強勢股份，但需要盡量避開沒有分析員給予評級的，以確保篩選結果主要為透明度較高之公司，建議每晚進行。

篩選條件：

- EJFQ勢頭：轉強20日內

- EJFQ勢頭能量：勢頭綠燈3格或以上

- 分析員評級數目：5個以上

- 分析員評級佔比：買入/增持評級佔比高於80%

三一國際（00631）2023年3月29日剛轉強勢綠燈，之後窄幅爭持約10個交易日才發力急升，至5月4日已捕捉到27%升幅。

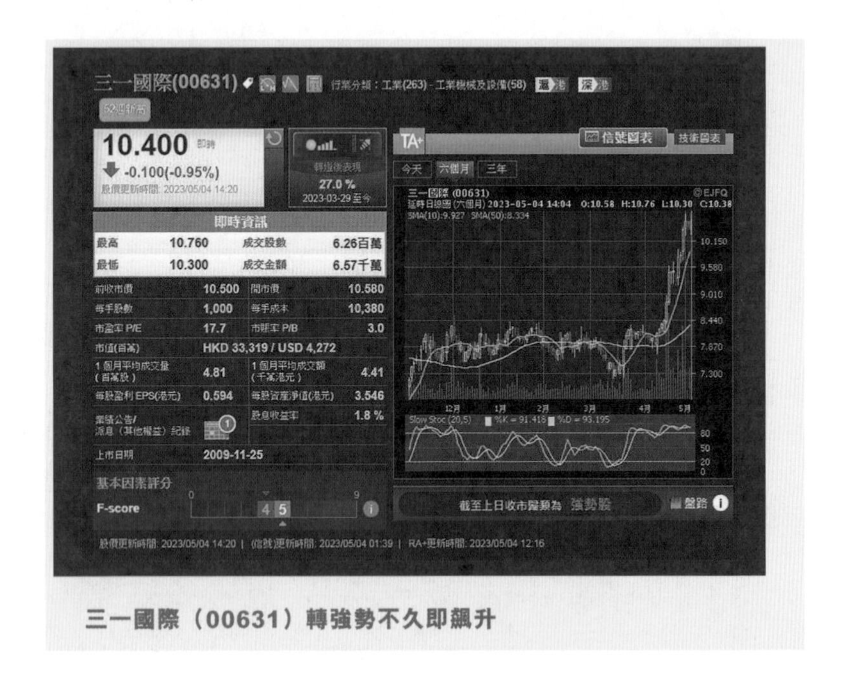

三一國際（00631）轉強勢不久即飆升

新華保險（01336）2023年4月18日轉強勢綠燈，利用上述方法便成功捕獲此股，至5月4日已累漲15.7%。

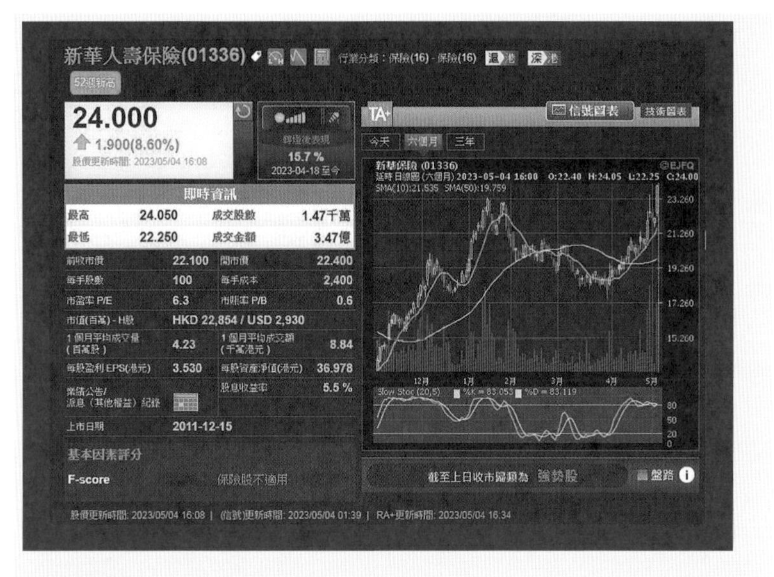

新華保險（01336）見「綠燈」便上衝

三、「第二階段」強勢股

美國投資大賽冠軍、《超級績效》系列作者米奈爾維尼（Mark Minervini）最為人推崇的是他提出只關注處於所謂「第二階段」（Stage 2）的股份，用「精明選股」一樣可以輕易初步篩選符合以下條件的股份。

篩選條件：

- 市值：高於50億元
- RS評分高於80
- 股價高於50天線
- 150天線高於200天線
- 50天線高於200天線
- 20日平均成交高於1000萬元

中鐵建(01186)於2023年4月中開始正式走出「第二階段」走勢，150天線（橙色）也升離200天線（深綠色），多頭排列呈現強勢。

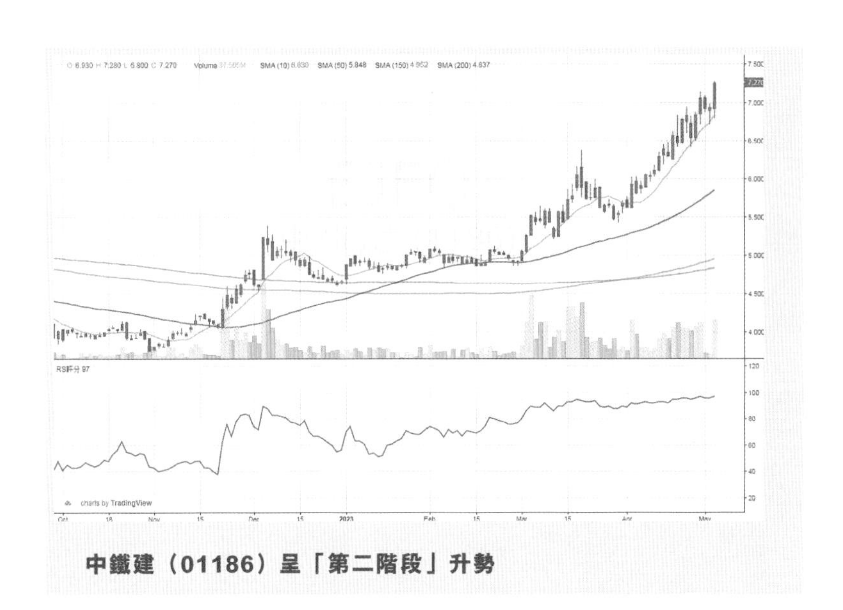

中鐵建（01186）呈「第二階段」升勢

SELL
SELL
BUY

第四章／

長跑好手是這樣煉成的

長線投資當然不是買入所謂優質股長揸那麼簡單，而是要辨清牛熊，運用周線及月線技術，才能提升買中大牛股的勝算。

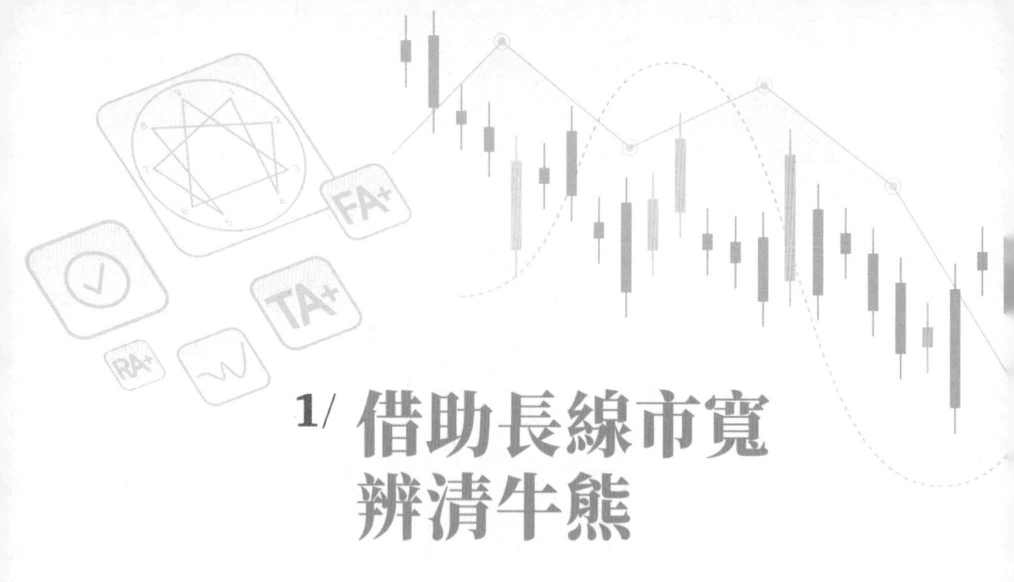

1/ 借助長線市寬辨清牛熊

好了，來到第四部分，將特別照顧長線投資者。當然個個都想「熊底買、牛頂走」，究竟有沒有方法準確地判斷市場的大方向呢？

很多事情事後看皆很簡單。事後打開屏幕一看，牛市和熊市一點也不難分辨清楚，但是事先預判卻非常困難。趨勢雖然只有上升、下跌和橫行，但由於市場偶有短期雜音（例如地緣政局、大國博弈等），個股又有人為因素，會有真真假假。股市裏的真假、虛實要想辨別清楚，難度非常。能左右趨勢的因素有很多，但影響程度各有不同。

那麼，怎麼判斷牛熊呢？可以從兩個層面出發。

一、基本面分析

對於5號思考型來說，掌握投資的大趨勢，就是要學會研究分析經濟周期、財政政策、貨幣政策等方面的基本面，然後判斷資產價格的運行方向，這些都可以是決定趨勢的重要因素，相信沒有人會反對。一般相信，經濟盛衰將左右企業盈利，從而影響估值擴張/下修。

參考「美林投資時鐘」（The Investment Clock）理論去因應景氣循環調整資產配置，也是個不錯的方法。不過，要判斷何時步入經濟衰退/復甦，以至進度如何？分析滯脹、軟着陸、硬着陸等，當中包含很多的專業知識，還需要查找和分析大量數據，業餘投資者當然很難做到。你也可以去參考一些專業機構的報告，記住只是參考，因為機構的觀點也不一致。上網看財經專家分析亦一樣，視頻節目要吸引流量，標題以至言論難免要出位。

二、技術面分析

大部分投資者都以股市的主要指數來判定牛熊，比如說很多人看指數是否持續高於所謂「牛熊分界」的250天平均線（也可用200天線），50天線升穿及持續高於250天線，而平均線本身是否呈齊齊向上分散的「多頭排列」判斷牛市。相反，指數跌穿250天或200天線，50天跌穿及持續低於250天線，平均線向下發展呈「空頭排列」，市場就進入熊市，投資自然要轉保守。

如果基本面及技術面均吻合，牛/熊市的訊號更加明確。不過，多數人對股市牛熊定義，看的都只是主要指數的表現，港股自然是恒指，但要全局了解大市牛熊究竟去到什麼程度，觀察市場寬度（Market Breadth）是最佳途徑。

EJFQ系統編製的長線市寬數據有兩款，分別是「股價高於250天線比率」及「50天線高於250天線比率」，均與恒指作同期對比，可選以日線、周線及月線圖顯示。2022年10月底恒指跌至14687點的13年半收市新低。當時整個市場逾2600隻股份中只有12.9%股價是高於250天線。

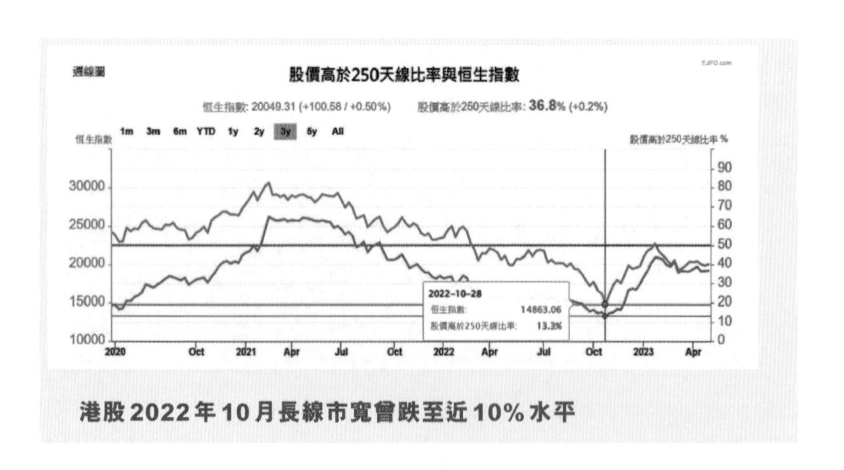

港股2022年10月長線市寬曾跌至近10%水平

這是不是歷來最熊呢？原來不是，以市寬月線圖觀察，2011年9月底恒指跌至17592點，「股價高於250天線比率」跌至8.2%；再數到2008年11月尾金融海嘯期間，長線市寬更跌至只有2.9%，慘象處處。

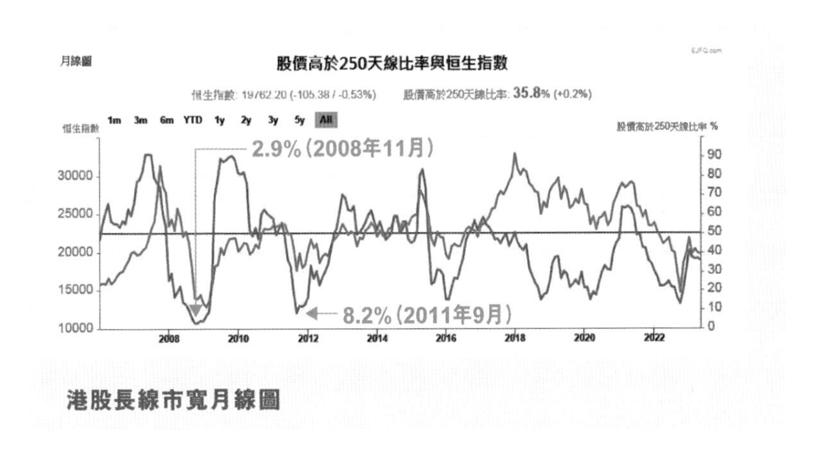

港股長線市寬月線圖

那麼，港股最好景又是否恒指於2018年1月29日高見33484點歷史新高之時呢？長線市寬圖顯示，2018年1月31日恒指收報32887點，但當時股價高於250天線比率只有50.4%，遠不及2007年6月（91.3%）、2009年11月（90.5），以及2015年5月所謂「港股大時代」的83.2%。

另一個解讀大市牛熊的指標是EJFQ綠紅比率，是統計整體上市公司發出長線勢頭燈號（強勢綠燈與弱勢紅燈）的比率，可協助了解大市動力表現的狀況，計算方法是：

EJFQ綠紅比率 =
（發出綠色勢頭公司數目 − 發出紅色勢頭公司數目）/
上市公司總數 x 100%

港股2017年以指數計是個頗為強勁的升市，恒指全年錄得34.5%漲幅，之後於2018年1月29日更創出紀錄高位33484點。應該很易賺錢吧？讓數據説話，2017年的牛市綠紅比率只能上到10.9%水平，這跟對上一次大升市2015年「港股大時代」的74.1%相距甚遠，難怪不少投資者2017年也不覺得市場怎樣狂熱。

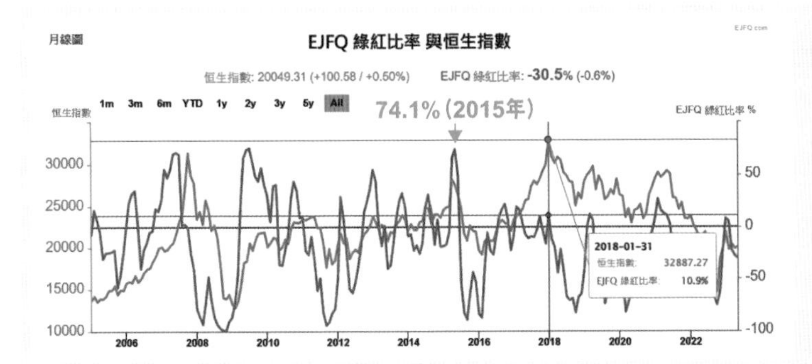

EJFQ綠紅比率與恒指

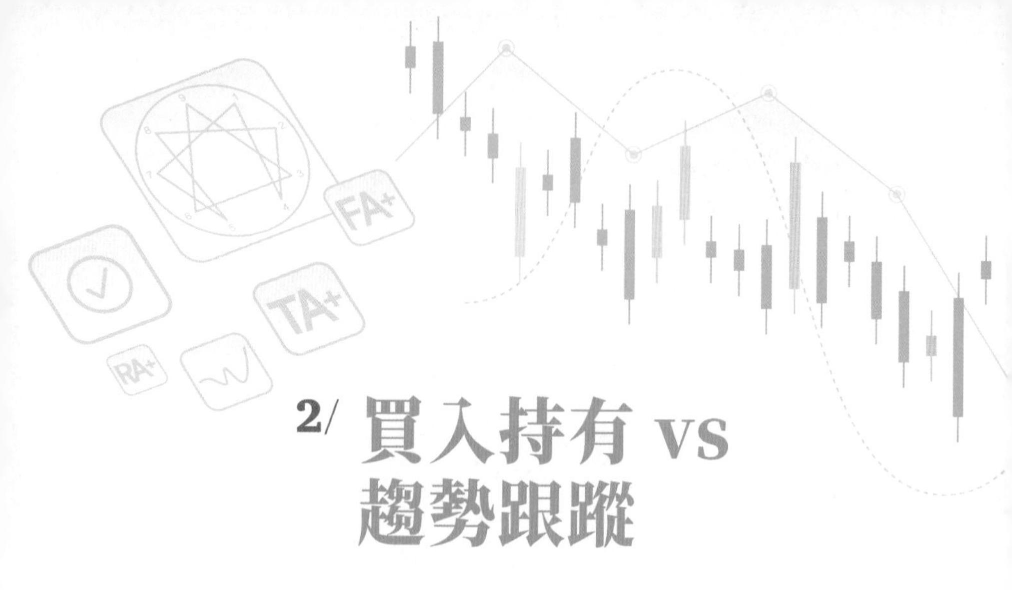

2/ 買入持有 vs 趨勢跟蹤

不知從哪時候開始，什麼「教你如何抓住10倍大牛股」、「學會提早退休」、「輕鬆炒股養家」等等口號如雨後春筍，「冇王管」地肆意宣傳收費課程，「輕鬆」這兩個字可能是見得最多的字眼。聰明的你當然會説「少來這套啦！」

暢銷交易類書籍Trend Following: How Great Traders Make Millions in Up or Down Markets（內地譯名《趨勢跟蹤——頂尖交易大師的操盤獲利策略》），作者Michael W. Covel（麥可卡威爾）對於「買入持有」（Buy and Hold）有以下的見解。

他認為，交易者犯的最大錯誤是認為交易很簡單，他們被「你能通過交易致富」、「賺到你做夢都想不到的錢」、「永遠辭去工作，靠你的交易利潤而活」等宣傳口語所騙。分析師們不斷地建議「買入」，近乎狂熱地把買入持有設定為正統的交易策略。

人們對複雜的問題總是想尋求簡單的解決方案，在作出決策時，經常使用主觀的「經驗法則」。只要我們看見自己的法則有一丁點兒正確，安全感就會增強，簡單化的決策機制便會生效。如果證據與我們的法則相牴觸，那麼我們很快自圓其說。一般投資者都容易有這樣的特點，這一點不利於投資，自己也要付出代價。

堅持到底獲長期回報

在市場持續下跌中，選擇「買入持有」策略的投資者相信，如果他有極佳的耐性並把原則堅持到底，就會獲得良好的長期回報。他們相信，長期資本的最佳出路就是股市，如果投資5年、10年或者20年，一定會賺很多。

不過，這些投資者需要明白，在5年、10年或20年之後，他們或許沒有任何的回報，甚至可能虧本。

Michael Covel指出，其實「買入持有」的策略從來沒有回答以下基本問題，應該買入多少？在什麼價位買入？持有多長時間？要選擇「趨勢跟蹤」(Trend Following)，不要選擇「買入持有」(或稱為「買入並祈禱」)。股神畢非德是「買入持有」之王，但他的策略適合你嗎？你能用相同策略獲得他的成就嗎？

相反，若你的策略是趨勢跟蹤，便不需要深入了解現今什麼高科技，也不用對公司盈利、價值或其他因素進行大量的基本分析。

沒有事情是永恒的，就連知名的大公司也會破產（如安隆公司、世通公司、蒙哥馬利、王安電腦等等）。就算投資者能夠精準地確定一家公司的價值，也不等同於買賣這家公司的股票就能獲利。記住，做交易不是買入公司股份，做交易是為了賺錢。

所以，這個第四部分我們對長線投資必須要審慎帶出重要訊息，不能給你太大幻想。第三部分提到的「左側交易」操作難度極高，需具知識含量，也要有運氣配合，並非適合每種型格作為長期投資的核心策略。

可況，長期投資不可能是「一股獨贏」，又或者你的長線投資組合，股票數目不應該少於10隻，可能較好的投資工具是指數ETF。因為公司一旦出現突發事件，你是防不勝防的。好像藍籌的老牌工業股創科實業（00669）也可遭沽空機構狙擊，2023年2月23日單日急瀉19%。

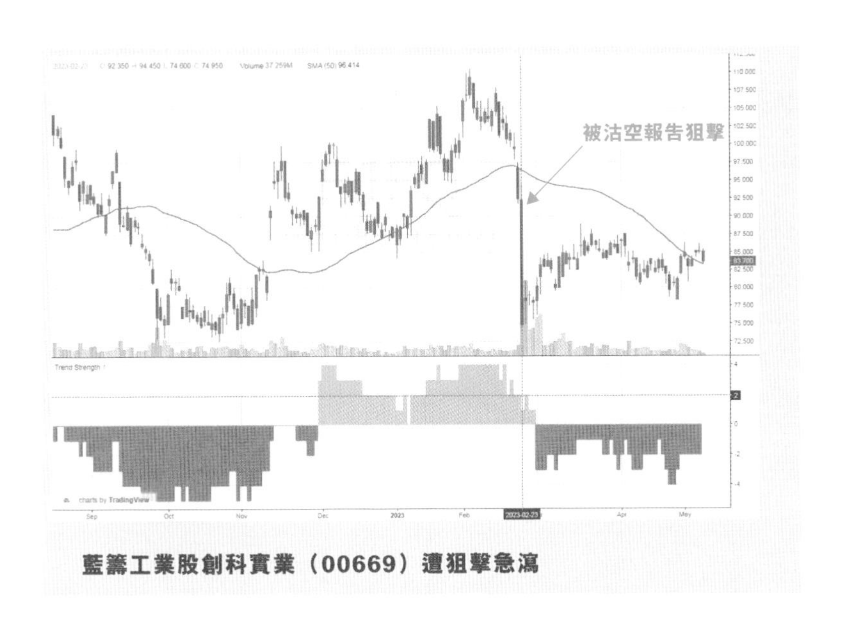

藍籌工業股創科實業（00669）遭狙擊急瀉

近年另一經典例子是不少人眼中的收息股王領展（00823），上市17年半以來2023年2月13日首度供股，建議折讓近三成供股，令市場大感意外！當日復牌應聲下挫逾16%，低見52.5元，收報54.75元，跌12.8%，全日成交高達27.27億元。

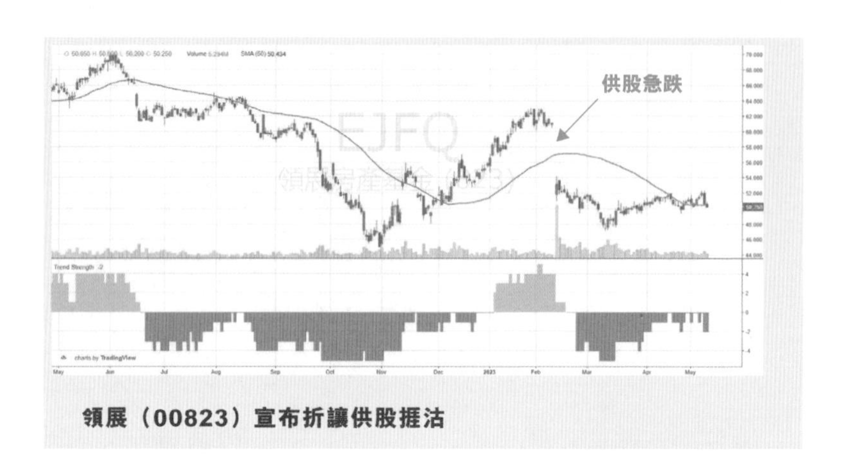

領展（00823）宣布折讓供股捱沽

總之，什麼「輕鬆以複式效應」、「懶人投資必勝法」都是推銷手法，「懶人」是很難在投資場上持續有成績的，千萬不要把「買入持有」變成逃避的「鴕鳥投資法」。相反，趨勢跟蹤是我們EJFQ系統的核心理念，你一樣可以捕捉長達一年以上的倍升牛股，並且知所進退。

3/ 奧尼爾熊市底部確認法

2022年第三季尾第四季初可謂哀鴻遍野，港股主要指數彷彿低處未算低，愈撈愈跌，買牛證博反彈，一隻又一隻打靶（被強制收回）。2022年10月31日，恒生指數曾跌至14597點，屬13年半低位，筆者當時再用「奧尼爾熊市底部確認法」，之後終於確認初步見底，把握了一次持續反彈的行情。

奧尼爾（William J. O'Neil）何許人也？他著有經典投資書How to make Money in Stocks, A Winning System in Good Times or Bad，他創辦的Investor's Business Daily（IBD）及旗下MarketSmith平台，美股投資者相信對此都不會陌生。

奧尼爾提出，大市反彈頭3天一般並不能預示是否真正轉向，建議觀察第四天後的反彈來預測大市是否真正轉向。

一、判斷見底第一日
假如某日盤中創出階段性低位，收市價在當日陰陽燭身的上半部，那當日就算是見底第一日；不過，若收市價處於燭身下半部，則要下一個交易日收市錄得升幅，那後者才是見底第一日)。

二、第四個交易日或以後出現大成交上升（一般出現在4至7個交易日內）該日就是Follow-Through Day（FTD），即見底確認日。

三、FTD即日升幅要顯著，例如超過1.5%或達2%以上。

四、FTD成交必須大於上一個交易日。

五、如第二個交易日後任何一日，跌穿見底第一日低位，則重新計算。

恒指低殘「物極必反」

2022年10月31日，我指出恒指月線圖RSI（14）僅21.9，超賣情況是1998年亞洲金融風暴以來最誇張地低殘，而我也説一直相信「物極必反」的定律，港股迭創13年半新低，戰友無不懷疑人生，外資為何「要錢唔要貨」，是否再不相信「中國故事」，內房債災會否最終拖累內地經濟等等，思考的都是系統性風險問題。

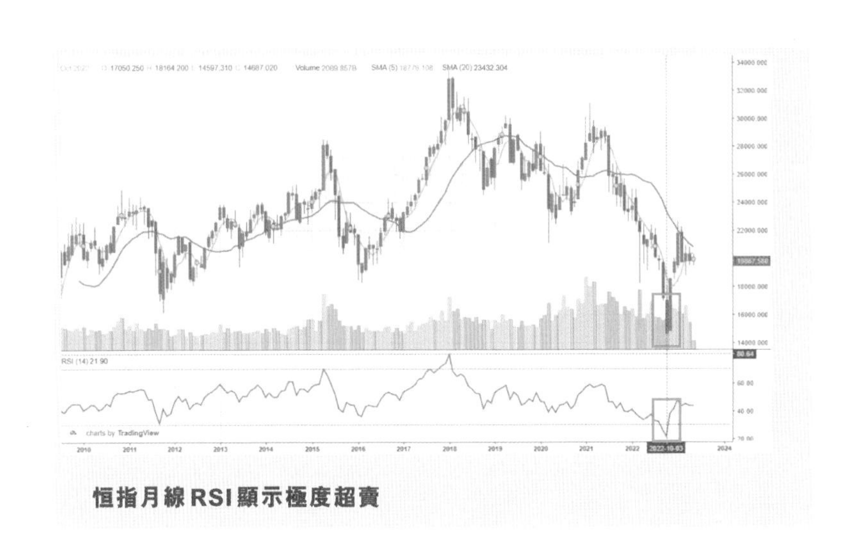

恒指月線RSI顯示極度超賣

極度超賣對利好消息特別敏感，兩日前著名分析師洪灝Twitter表示「聽聞」內地設委員會評估退出動態清零，股市開始有反應，最先受惠是疫苗生科股急升（憧憬加大市民接種力度），之後外交部可圈可點地回應「不了解情況」，未有作出否認。

由於10月31日（周一）創低位當日未有收高於燭身上半部，故不屬見底第一日，翌日即11月1日，恒指收市勁彈768點，這明顯是見底第一日了。

大市持續發酵通關題材，兩日升1140點後，11月3日急吐487

點，不過成交縮減至少於一千億，11月4日（周五）就是「奧尼爾熊市底部確認法」開始計算的關鍵日（第4至7日），恒指當日竟在大成交下抽升821點，升幅達5.4%，很明顯這就是FTD（見底確認日）了。

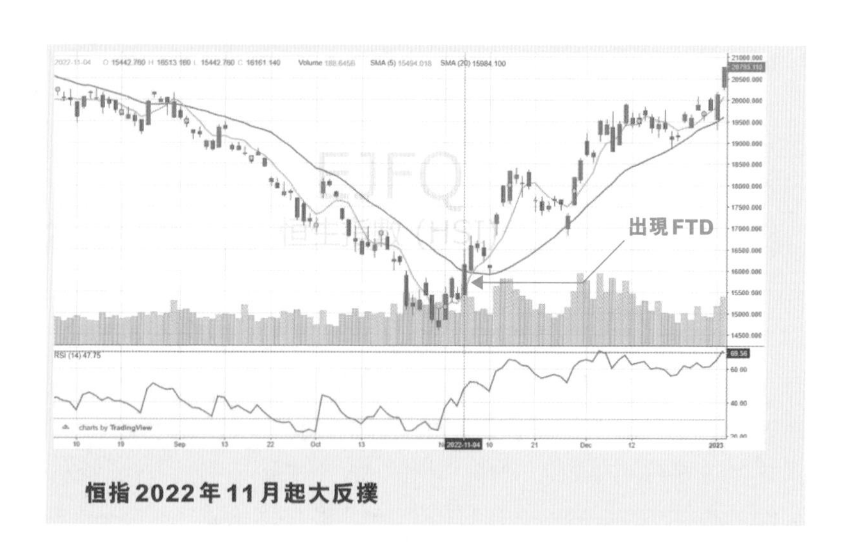

恒指2022年11月起大反撲

當日，再有分析預期內地防疫措施有望放寬，另外，央視報道，國家主席習近平稱中德要激活新能源、人工智能、數字化等新領域合作，都是利好消息；中午後有報道指出，美國對中概股的賬目在港審計提早完成，未來幾周提交初步報告，消息刺激恒指午

後甫開便爆上逾千點！14天RSI升穿50中軸。另外，MACD、慢步隨機指數均利好。港股自此大反撲，11月恒指累計勁彈3910點，升幅26.6%，12月及2023年1月分別再漲6.2%與10.4%，3個月勁升7155點或48.7%！

「奧尼爾熊市底部確認法」其實只是一種觀察市況的技術性參考，他本人亦坦言有三成機會失效。事實上，雖然2022年底港股連升3個月，但全球經濟衰退風險仍在惡化中，市場極度消息化及情緒化，我當時認為恒指暫時以深度超賣後的技術反彈研判，或見了短期底部，是否真正轉勢，還要耐心等待更多正面訊號。

所以，股票投資始終要步步為營，逐步按眼前所見的推演行情，要有預期（上方目標阻力），要有底線（下方支持假設），永遠評估好合理風險/回報比率（也叫「盈虧比」），即預期盈利回報要高於預期虧損至少兩倍，就不會錯得離譜。

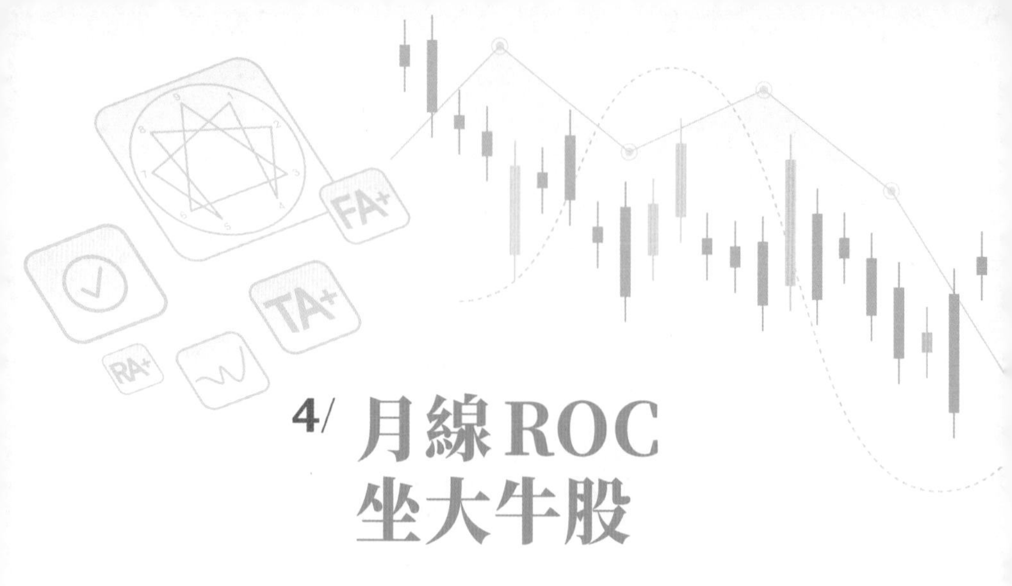

4/ 月線ROC 坐大牛股

本書第三部分我介紹了變速率指標（ROC）中線方面的應用，其實，ROC（30）在月線圖效果同樣出色，分分鐘讓你成功買中一隻超級牛股，且途中不會被震走。

參考EJFQ勢頭能量

創科實業（00669）月線圖顯示，其ROC（30）早於2010年11月升上0中軸之上，當時股價約8.4元，期間多年升多跌少，即使股價於2016年錄得一成二跌幅，但ROC仍守在中軸之上，且基本於50周線（藍色線）附近有支持。2020年第二季起展開大升浪，EJFQ亦發出「綠燈」，即勢頭能量（Trend Strength）轉強訊號，之後股價最高升至180元，即較ROC轉好起步位暴升20倍！

2021年9月，系統明顯發出勢頭轉弱的「紅燈」訊號，當時股價約155元，2022年股價大幅回落，2023年2月ROC才跌穿中軸，最後升幅雖然水瓜打狗，約於78元水平，但如此簡單的月線ROC策略，仍帶來高達8.3倍回報。

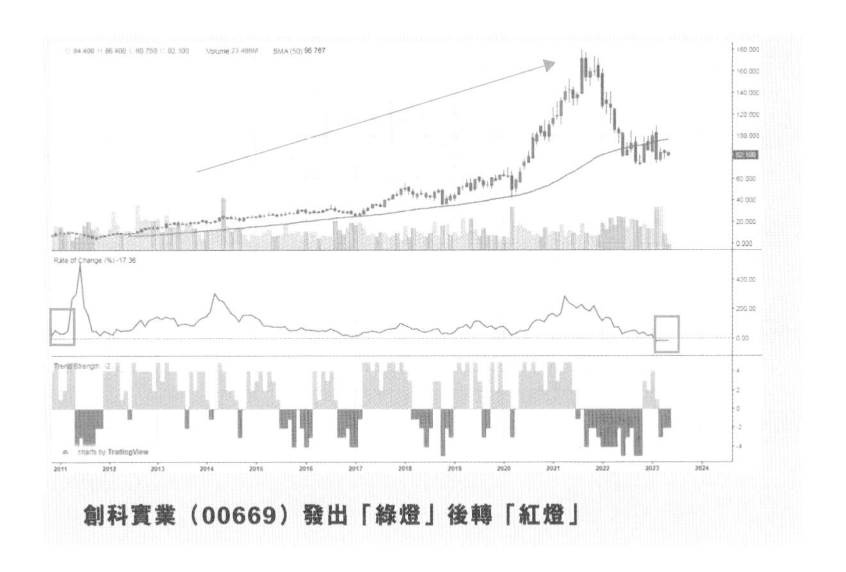

創科實業（00669）發出「綠燈」後轉「紅燈」

比亞迪（01211）2020年8月，ROC確認升穿0中軸，當時股價約77元，之後展開大型升浪，期間股價其實三度錄得約達五成的大幅調整，分別是2021年1月至5月、2021年10月至2022年3月，以及2022年6月至2022年10月，但ROC一直在0中軸之上，未觸及離場條件（跌穿0中軸），以2023年5月11日升至約245元計算，股價累漲2.2倍。

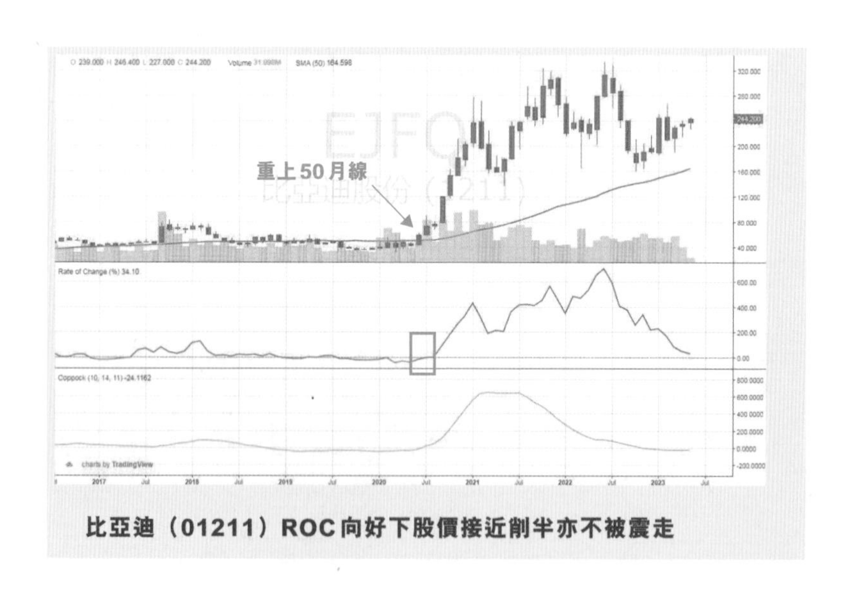

比亞迪（01211）ROC向好下股價接近削半亦不被震走

蘋果公司（AAPL）月線圖顯示，2004年1月其月線ROC重上0中軸之上，股價當時約0.4美元（經過多次股份拆細後調整的股價），之後展開長期升浪，每次回調至50月線均見支持，ROC一直維持在中軸之上，未有受2018年第四季、2020年第一季兩次大跌市所震走。2022年1月4日高見182.94美元，截至2023年5月12日收報173.35美元，即ROC月線策略捕捉了蘋果432倍的升幅。

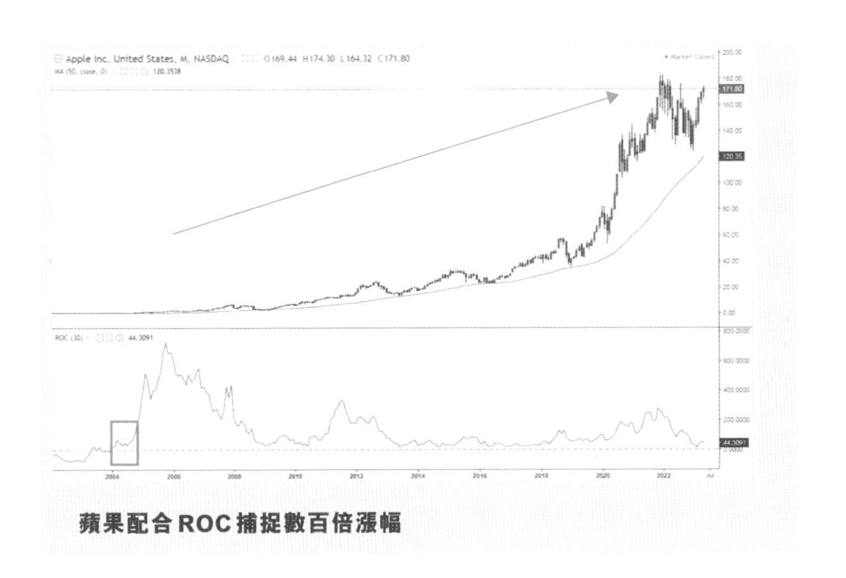

蘋果配合ROC捕捉數百倍漲幅

Google母公司Alphabet（GOOGL）（A類股票）月線圖顯示，2012年7月ROC重越0中軸，當時股價為15.84美元，之後展開長期升浪，2022年2月曾高見151.55美元，同年12月雖然股價一度跌穿50月線，但ROC指標仍高於中軸，2023年5月股價約116.5美元，意味賬面回報高達6.4倍。

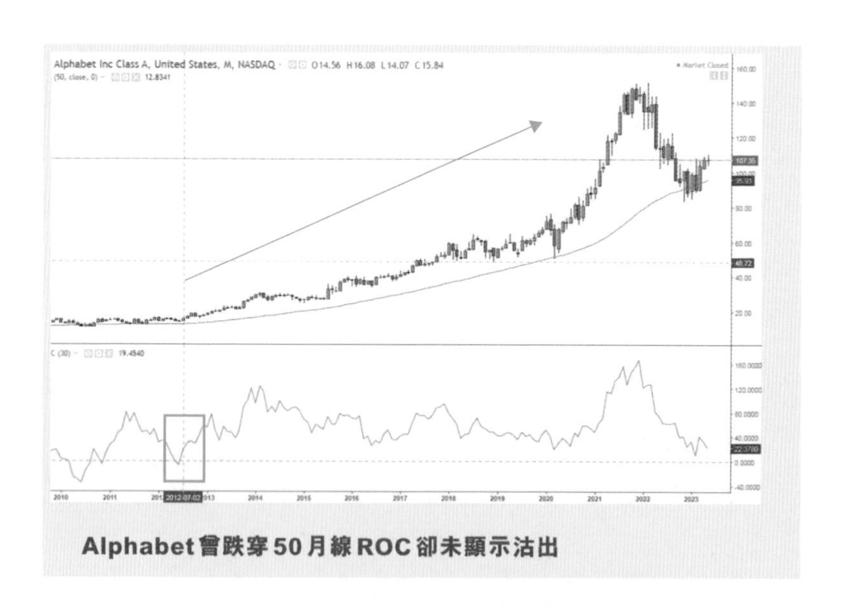

Alphabet曾跌穿50月線ROC卻未顯示沽出

Nvidia（NVDA）2014年1月ROC確認升穿0中軸，當時股價約3.92美元，之後展開長期升浪，同樣大部分時間於50月線之上，2021年11月曾衝高至346.47美元才迅速回落，但ROC未有跌穿中軸，隨後重拾升勢，截至2023年5月中股價約285美元。ROC月線策略竟然至今捕捉了Nvidia賬面達71.7倍升幅。

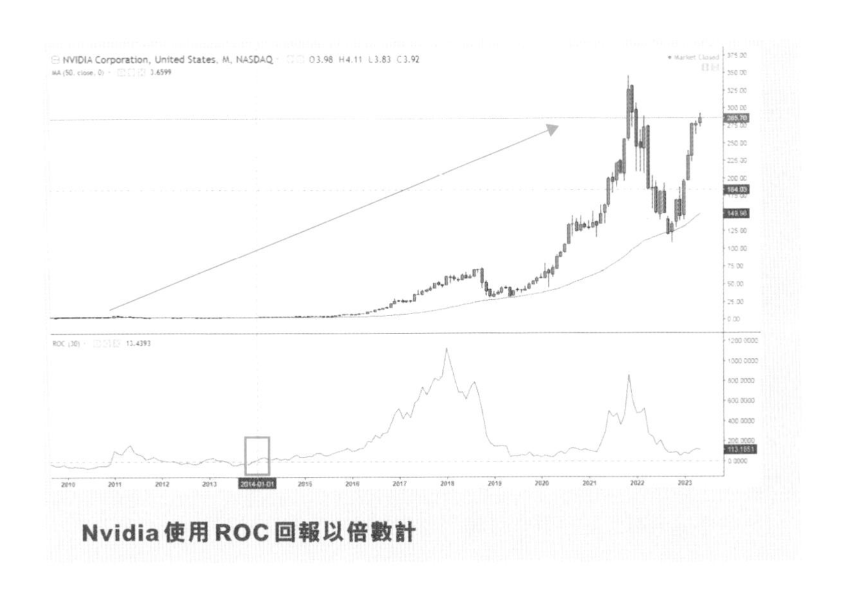

Nvidia使用ROC回報以倍數計

比特幣（Bitcoin）2020年7月ROC重上0中軸，當時價格約11350美元一枚，當年第四季價格開始急速拉升，2021年11日10日曾衝上歷史新高68925美元，2023年5月12日回落至26680美元附近水平，ROC正逼近0中軸，截稿時仍未失守，即使未及高沽，不足3年內賬面仍賺近1.4倍。

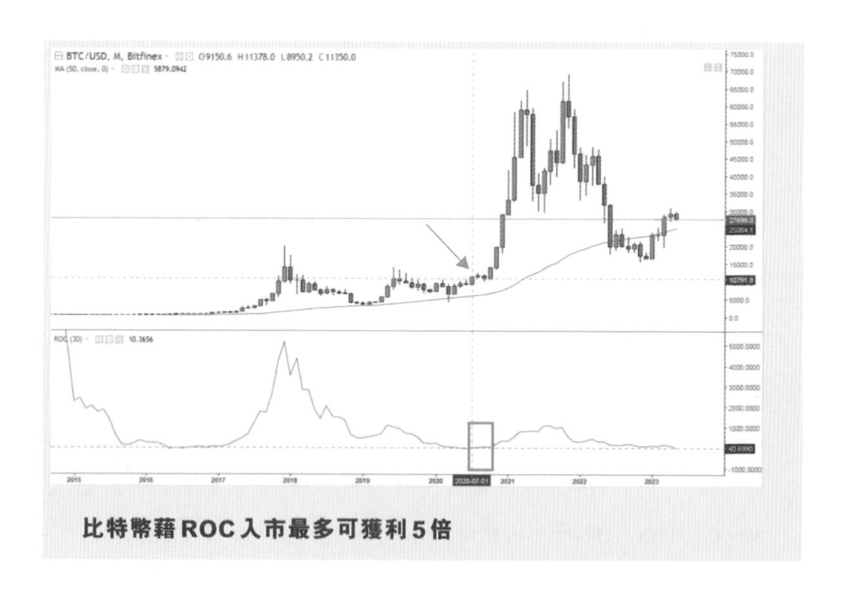

比特幣藉ROC入市最多可獲利5倍

最後，也看看失效例子，華夏滬深三百（03188）於2020年8月ROC（月線圖）升穿0中軸，當時股價為55.3元，之後升勢凌厲，於2021年2月高見72.98元，但同年7月開始確認回調，當時月線拋物線SAR指標亦發出反手造淡訊號，股價為58.92元，若未有局部止賺，之後ROC跟隨股價下行，2022年10月ROC終於跌穿中軸，股價跌至38.56元，意味策略失效，並且錄得三成跌幅。

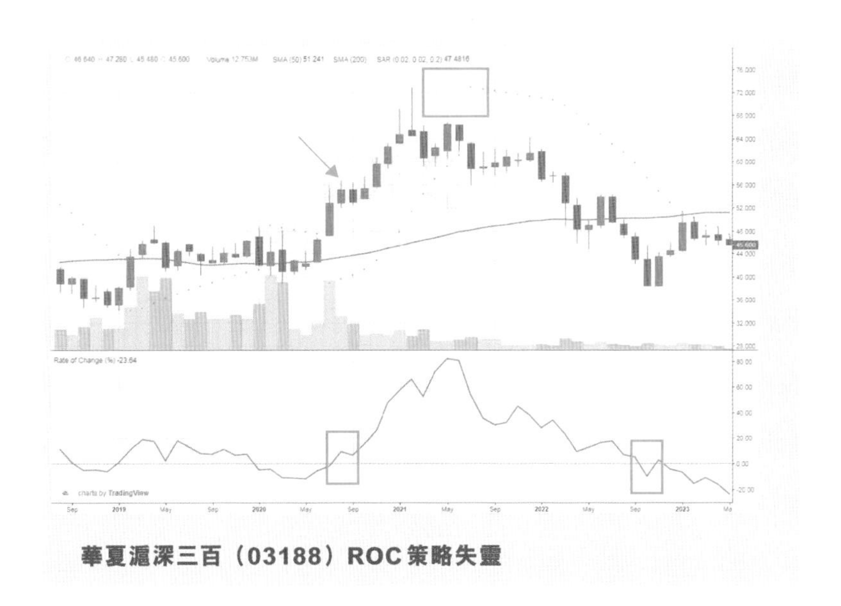

華夏滬深三百（03188）ROC策略失靈

5/ 史丹溫斯坦 Stage2加ROC投資法

華爾街頂級交易大師Stan Weinstein（史丹溫斯坦）1988年出了一本投資天書：Secrets For Profiting in Bull and Bear Markets（內地譯名為《笑傲牛熊》），完美地把技術分析理論簡化成操作系統，當中獨創了著名的階段分析法，運用一條30周移動平均線把趨勢分成4個階段（亦稱為「牛熊四階段」）。我認為，這對判別趨勢很有幫助，配合其他周線技術指標，效果更佳。

史丹溫斯坦認為，10周移動平均線最適合交易員使用，而30周線是最適合長期投資者在股票交易時採用，4個階段分為：

一、打底區域（the basing area）

二、上升階段（the advancing phase）

三、頭部區域（the top area）

四、下行階段（the declining phase）

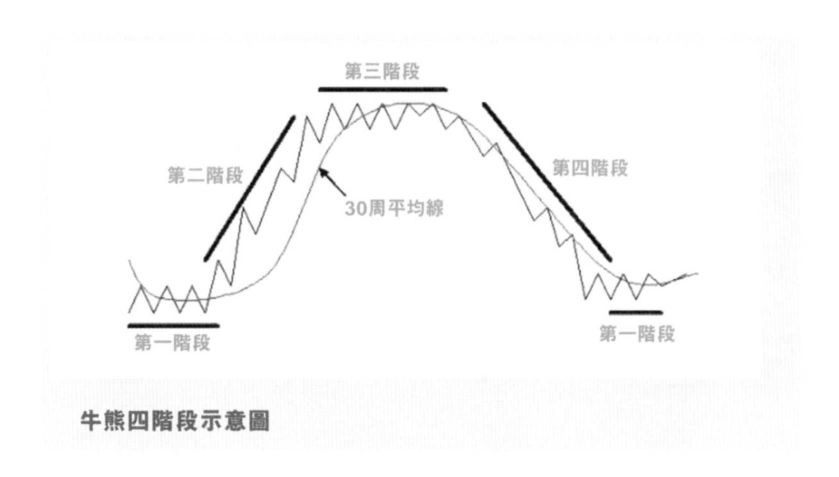

牛熊四階段示意圖

史丹溫斯坦清楚指出：

- 股價低於30周線的股票絕不能買入，尤其當30周線正在下行時；

- 股價高於30周線的股票絕不能沽空，尤其當30周線正在上升時：

- 對長期投資者來說，買入一隻股票的理想時機就是30周線不再處於下降趨勢，股價向上突破阻力區域，同時站上其30周線的時候。

我們把30周線配合以周線ROC（30）指標，作為一個簡單的入市準則，當股價升穿或本身已高於30周線，而ROC升穿0中軸，可視為入市訊號。

善用周線ROC

信達生物（01801）2019年11月18日股價升穿30周線，當時股價收報27.8元，周線ROC亦不約而同重越0中軸，視為入市訊號。之後股價展開長期升浪，30周線斜率上升，股價明顯處於史丹溫斯坦的第二階段（Stage 2）的上升階段（the advancing phase），股價最高升至107.1元，到2021年7月26日的一周，ROC終於跌穿0中軸，而股價亦明顯收低於30周線，行完整個Stage 2，視為沽貨離場訊號，當周報79.25元。用如此簡單策略成功捕捉1.9倍升幅，回報可觀。

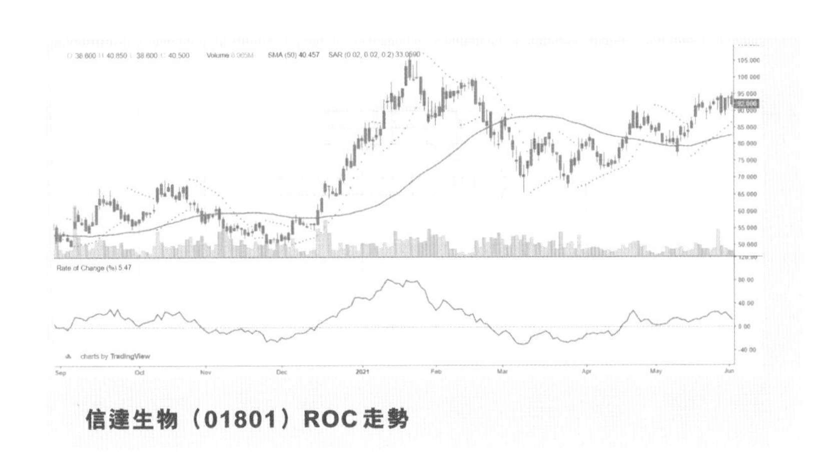

信達生物（01801）ROC走勢

好了，若果此策略失效又如何。繼續上述信達生物分析，這幅周線圖，留意右方2022年8月22日，周線ROC升穿0中軸，同時股價亦維持約兩個月於30周線之上，但留意這樣30周線仍然未有扭轉向下趨勢，只是跌幅放緩而已，故未有提供理想入市訊號，若果你要買入，作價每股約36元，之後走勢不如預期，9月初更跌穿30周線，ROC亦失守中軸，證實「策略」失效，當時執行止蝕，股價約29元，即錄得19.4%虧損。

信達生物例子反映只要駕馭趨勢，嚴守止蝕，長期便很大機會「輸粒糖、贏間廠」。

用美團（03690）作另一個示範，該股2019年5月13日周線ROC升上0中軸之上，當時股價約62元，高於開始止跌的30周線，視為入市訊號。9月中展開升勢，雖然2020年3月中曾跌穿30周線，但ROC維持在0線之上，之後美團重拾升勢，且愈升愈勁，2021年2月中高見460元，即較進場價勁升6.4倍，之後股價顯著回落，周線ROC於2021年5月10日當周跌穿0中軸，股價亦明顯失守30周線，假設即時沽出離場，股價約244元，仍較買入時錄得2.9倍升幅！

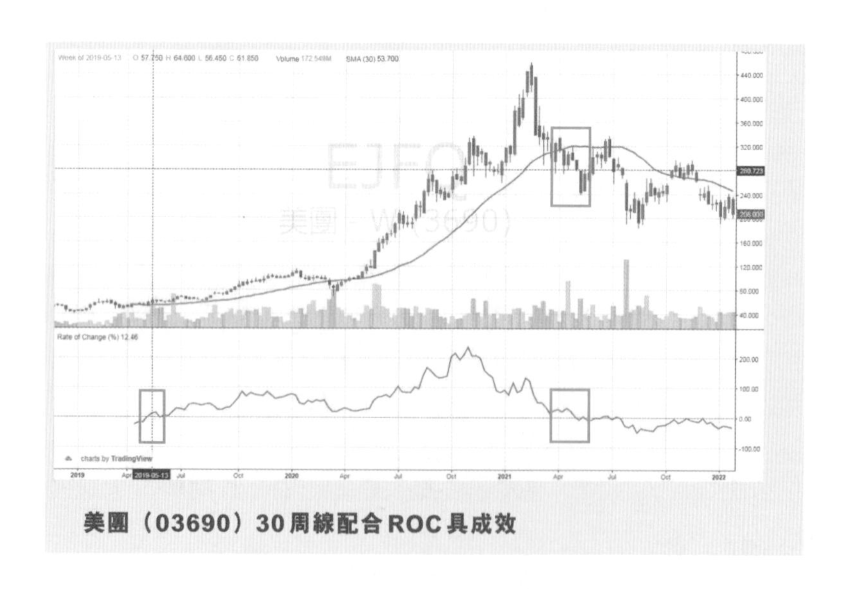

美團（03690）30周線配合ROC具成效

6/ 月供股票有可勝之道

不少人覺得選擇月供股票，等同放棄對走勢的睇法，任由市場開價，硬性每月買入，等於又多了一個「強迫金」，其實這個想法並不對。

先講月供股票的好處，很多香港股票一手貨要幾萬甚至十多萬元，而且一筆過投資風險相對高。月供股票可以讓你定期定額分段買入心水股，當股價下跌時，同一筆供款可以買到更多股數，股價上升時自然買得較少，發揮「平均成本法」的優勢。月供股票入場門檻低，很多銀行的每月最低供款額為1000元，自己操盤根本無法做到。

擬定合理投資時間

幾乎所有投資者都希望每次都是最低位買，最高位沽，但真正做到的相信少之又少，因為世上沒有水晶球。但作為有一定經驗的投資者，你會意識到某些有往績的大市值股，它是正處於估值及股價都相對低殘的階段，這就是值得考慮月供投資的時候。而我建議大家，對月供股票最好擬定一個合理的投資時間，目的是希望能較大機會地爭取回報。事實上，月供股票年期不需太長，重要是「跨越一般熊市周期的時間」，例如大概13至18個月便很足夠。

以下是一宗真人真事。鄭小姐2022年3月眼見港股表現持續低迷，於是向我諮詢有什麼值得投資，我知道她的個性及投資風格，於是建議她做月供股票，選了本地地產股龍頭新地（00016）及一直被市場冠以「股王」稱號的騰訊（00700）。她到某銀行了解「月供股票計劃」，該計劃基本是定了供款日在每月第十日，若該日並非股票交易日，則順延至下一個交易日，她很快就辦妥手續，首個供款日是2022年4月11日（周一）。

新地與騰訊兩隻股份板塊當然截然不同，在2022年上半年卻齊齊跟隨大市下滑，但到同年第四季特別是10月港股大跌期間，騰訊跌勢是非常慘烈的，但之後大市見底回升，你猜是新地還是騰訊回報較好？

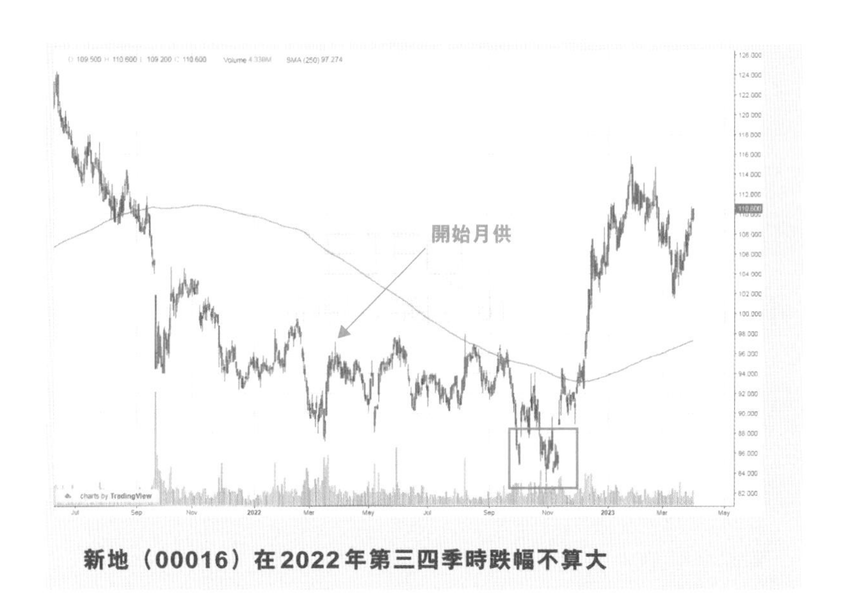

新地（00016）在2022年第三四季時跌幅不算大

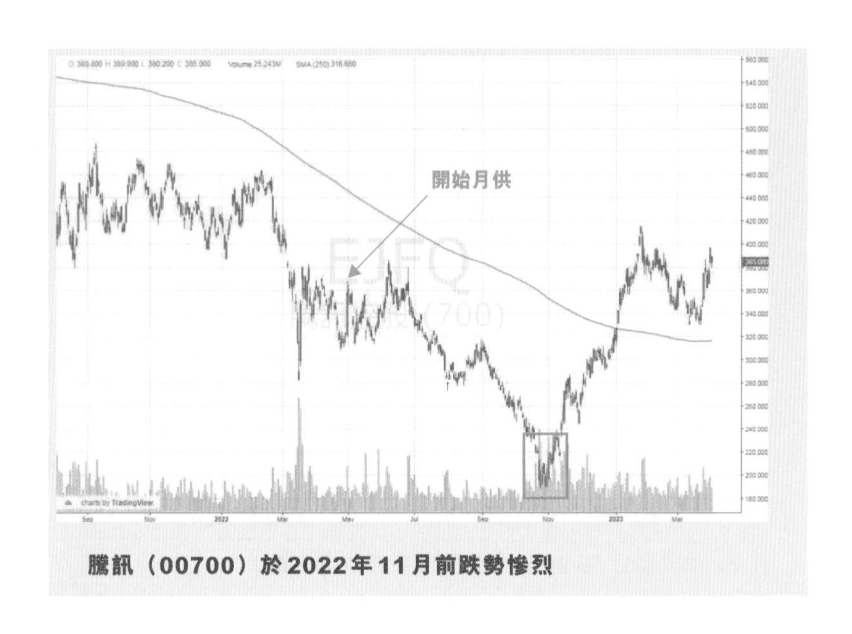

騰訊（00700）於2022年11月前跌勢慘烈

鄭小姐提供了截至2023年3月26日最新月供表現截圖，兩隻股份共供了12個月，成本約22720元，最新現值是25361元，賬面盈利2360元，當中新地回報率是8.7%；騰訊回報率較高，有12.4%，且還未計及騰訊分派的兩股美團（03690）股份，可以碎股形式沽出。鄭小姐說，銀行將在第13期供款結束後開始回贈手續費優惠。

所持證券

全部　港股　A股　美股

成本 22,719.92
現值 25,361.20

總參考盈虧(港元等值)
+2,360.89

股票代號/名稱	持股數	參考盈利/虧損
港 00016 新鴻基地產	125	港元 +1,071.88 +8.69%
港 00700 騰訊控股	31	港元 +1,289.01 +12.40%
港 03690 美團—W	2	港元 -- --

鄭小姐月供股票12個月後表現

作為9號和平型，我當然也請教一些有豐富投資經驗的朋友，了解他們對月供股票計劃的看法，大致歸納如下：

- 不要以為月供一定能降低風險，月供單一股票若遇上供了一段長時間後，相關股票突然出現重大負面消息，便有可能招致重大損失。

- 月供指數ETF才能某程度降低投資風險，然而，若果是月供盈富基金（02800），那倒不如在自己的強積金戶口，每月投資若干比重的恒指基金。

- 要貨比三家，月供計劃收費模式並不一樣，有些是每隻股票計，有些是整個計劃計（例如每月最低收50元）；另外，最好配合有回贈優惠提供就更好。

- 月供金額要量力而為，但你知道月供金額愈少，每月扣除的最低費用所佔比例就愈高，某程度會蠶食回報。

- 「平均成本法」是種宣傳伎倆，不要盡信其威力，說到尾投資時機才重要。

7/ 牛市低股息可忍 熊市卻要高息股

現在愈來愈多人認為，牛熊分析已不太重要，因為周期愈來愈短，而且不同市場牛熊周期長短都不一。美股牛長熊短，A股牛短熊長，港股也不比A股好多少。不過，作為投資者，我們仍需要了解牛熊特性，特別在增長股與價值股之間更見到分別。

買賣股票因為風險高，持股的股息應該大幅高於銀行利率，否則沒有吸引力，但股票有股價上漲的夢想，也就是資本增值，因此在牛市時，股息率偏低甚至沒有股息都可接受，增長股為什麼稱為「發夢股」，就是可以在短時間內升得很急。

認清「高息」因由

相反，熊市時股價可能下跌，必須有高一點的股息率，才能彌補這種潛在風險。2022年10月31日港股見底回升，到翌年截至「五窮月」，恒指2023年有波幅沒升幅，似牛非牛，似熊非熊，表現最好是新概念：「中特估」的高息中字頭股份。

投資港股，高息股確實佔有一定位置。你要做的是了解「高息」因由。很多股息率高的股票是因為股價下跌的結果，股息率是以最近一年度派息計算出來，不保證公司未來年度派息增加或能否保持。

此外，有些公司派高息是受一次性因素影響，可能是出售土地或業務錄得非經營性收益，又或者行業特殊原因，令公司經營利潤激增（例如2021及2022年度的航運股），公司派發巨額特別股息。

留意抗跌力及「能見度」

身處熊市或大型上落市時，投資者宜尋找抗跌力強，有望逆流而上的高息股，就最好揀預測息率「能見度」較高的大市值股。

EJFQ系統內也有相關的篩選條件，以下是幾個參考：

- 市值高於100億
- 分析員評級數目：10個以上

- 分析員評級佔比：建議買入/增持佔比高於80%
- 預測股息率高於5%
- 股息率區間：低於中位數（代表相對吸引，即股息率高於歷史平均水平）

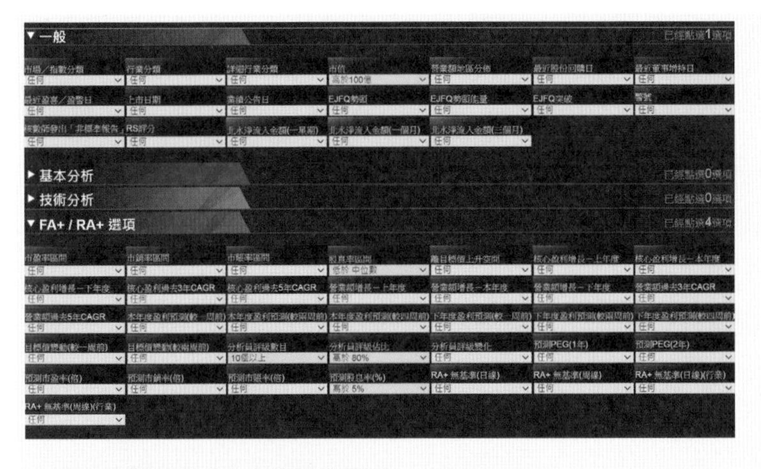

EJFQ篩選高息大市值股的選項

截至2023年5月10日收市，採用上述5項篩選條件，結果有43隻股份，以市值排名分別有：中移動（00941）、建行（00939）、中海油（00883）、中國平安（02318）、工行（01398）、中銀香港（02388）、華潤置地（01109）、中國聯通（00762）、招商銀行（03968）、龍湖集團（00960）、領展（00823）、中國人壽（02628）、郵儲行（01658）、農行（01288）、華潤電力（00836）、恒隆地產（00101）等。

第五章／

主題篇

我們正身處極不平凡的年代，投資趨勢和投資文化正起變化，要與時並進，這部分可以給你更多啟發、思想上的衝擊……

1/ 網絡年代炒股要睇實Twitter

時代不斷進步，自高錕教授發明光纖後，配合智能手機登場，世界進入資訊爆炸的網絡年代，過往認為是匪夷所思的事，到今日都可以突然之間發生。

就以2023年第一季美國地區銀行出現擠提事件為例，過往擠提都要去銀行門口排隊，但換轉今日每人最少擁有一部智能手機的年代，存戶只是掃掃手機，賬戶內的現金便自由出入，「擠提」速度之快遠遠超過以往想像，結果便發生銀行流動性問題事件。

「推」文刺激資產價格

資本市場就更加看到網絡威力。回想1815年滑鐵盧戰疫炒債券賺大錢的羅斯柴爾德（Rothschild）家族，都要靠戰場前線戰況消息，以秘密方法將資訊傳回倫敦，過程最少要一朝半

天，但今日手機年代，只要有名人在推特（Twitter）拋下一句睇好或睇淡某類資產，相關資產價格便可暴升或暴跌。用Twitter發放消息達「神級」，首推特斯拉（Tesla）行政總裁馬斯克（Elon Musk），他個人曾多次在Twitter中點名睇好狗狗幣（Dogecoin），更一度稱特斯拉將接受用狗狗幣購買個別商品，結果狗狗幣價格飛升，或者馬斯克看到社交平台之威力，索性全購Twitter。除了馬斯克Twitter值得關注外，還有以下金融界的Twitter可密切留意。

洪灝（Hao HONG）

交銀國際前研究部主管，目前為對沖基金GROW思睿首席經濟學家的洪灝，言論一向以敢言見稱，帖文主要圍繞中港經濟及股市。2022年11月他在Twitter率先表示「聽聞中央會成立一個經濟重啟小組」，隨後港股便展開升浪，屬炒中港股市必讀。

洪灝2022年11月1日貼文稱聽聞中國會成立一個經濟重啟小組。

岡拉克（Jeffrey Gundlach）

有「新債王」之稱的岡拉克，時常在Twitter發文評論美國債市、息口及政局形勢變化，更在2022年10月20日帖文指出，美債息見頂，隨後一季各年期債息確大幅下滑，單是聯邦基金利率重要指標兩年期債息，跌幅便超過1厘。

Jeffrey Gundlach @TruthGundlach · 2022年10月20日 ···

Here is where we are now in the U.S. Treasury Bond Market:

2 Year: 4.52%

5 Year: 4.37%

10 Year: 4.13%

30 Year: 4.13%

Note how the long end is flat. Sign of yield increase exhaustion.

Treasury yields may well be peaking between now and year-end.

210 633 2,631

岡拉克在2022年10月20日預計美國債息見頂。

郭明錤（Ming-Chi Kuo）

有「最強蘋果分析員」之稱、天風國際證券分析員郭明錤經常會在網上發文，其言論足以影響整個中國、香港、台灣及美股消費電子產業鏈（智能手機及AR/VR/MR產品）股價。

Kantro@MichaelKantro

Kantro為美國投資銀行Piper Sandler首席投資策略分析員，其Twitter內有大量分析美國經濟及股市精闢評論，2022年提出美國利率上升會以「HOPE」的次序方式影響實體經濟，所謂「HOPE」，即先影響Housing（H），隨後到訂單Orders（O），繼而影響盈利Profits（P），最後是就業Employment（E）。

Follow the cycle ...
Housing>Orders>Profits>Employment.

H) Housing stocks slammed;
(sharp decline in NAHB soon)
O) ISM New Orders @ 18-month low;
(heading toward 45 by YE)
P) +EPS revisions down to 49%;
(⬇ from here)
E) Employment remains strong (for now).
翻譯推文

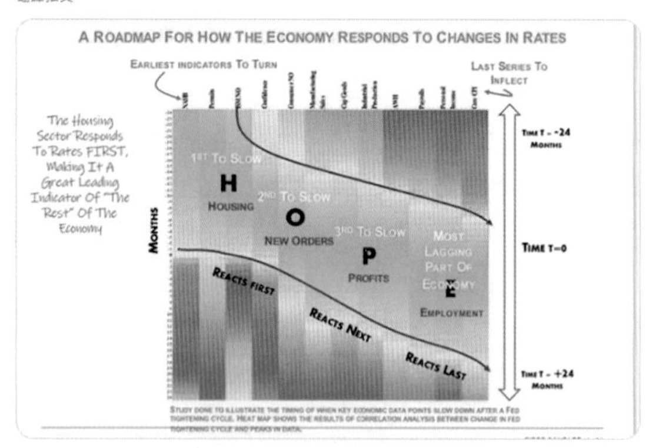

Kantro預計加息會對美國實體經濟影響會以HOPE的方式呈現。

Otavio（Tavi）Costa @TaviCosta

Otavio是對沖基金Crescat Capital基金經理，帖文主要分析商品及商品股基本面，尤其是金礦、銀礦及石油股，據公司網站披露，Crescat Capital旗下 Global Macro基金2022年升幅超過三成。

Robin Brooks @RobinBrooksIIF

Brooks為高盛前外滙首席策略及高級經濟師，國際金融協會（Institute of International Finance, IIF）董事及首席經濟師，其帖文覆蓋環球經濟、利率及外滙分析。

The Kobeissi Letter

帖文包括環球經濟評級，特別針對聯儲局政策變化，還包括美國樓市數據等等。

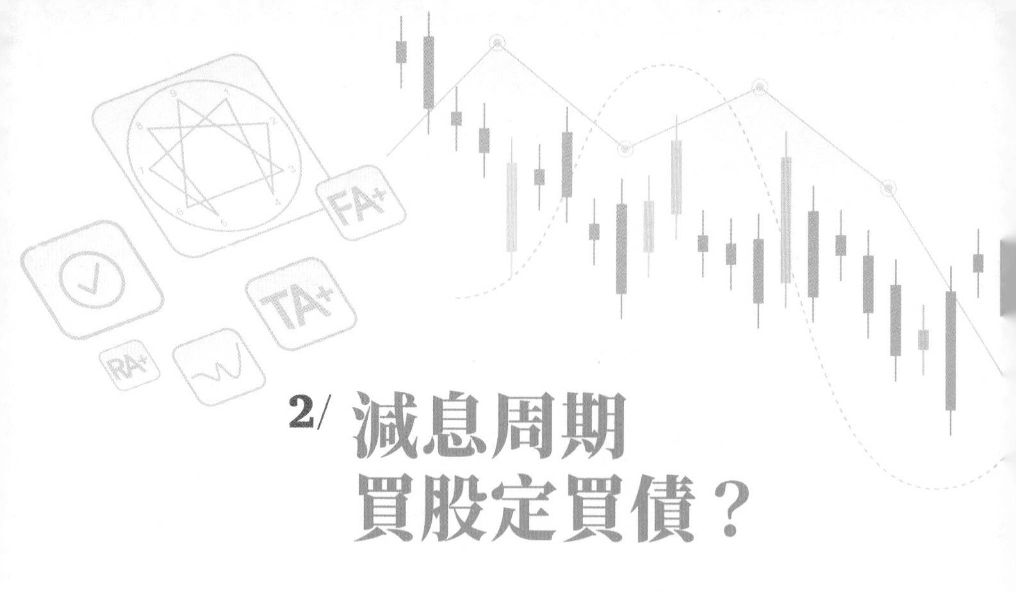

2/ 減息周期買股定買債？

新冠疫情2020年3月全球大爆發，立即震散全球經濟，環球股市也應聲「跪低」，為避免1929年大蕭條重演，美國聯儲局與各國央行大幅減息並擴大資產負債表「放水」救市。

以聯儲局為例，據官方網頁資料，2019年底局方資產負債表只有4.1萬億美元，「劈息印錢」後短短半年，到2020年6月已「擴表」至7.1萬億美元，10多個月後，即2022年4月最高峰時更達8.95萬億美元，即比2019年大幅增加4.85億美元或1.2倍，對比2008年金融海嘯至2019年累計擴表3.2萬億美元還要多，規模之大相當驚人。

天下沒有免費午餐，央行印錢擴大資產負債表，同時利率降至零水平，若以實際利率計算，更是負利率，加上疫情令運費高企，連同2022年歐洲最大糧倉之一的烏克蘭受俄羅斯入侵影響，最

終通脹飆升。

聯儲局最關注的核心個人消費開支平減指數（Core PCE）於2022年按年升幅一度達5.1%，遠遠高過局方2%的目標，最終為了打擊通脹，聯儲局重啟加息周期，並以「鷹式」進行。

債息參考價值高

要估聯儲局息口去向，市場除了觀察Fed Watch編製的利率期貨數據外，也會密切留意兩年期美國國債息率走勢，因為兩年期債息往往是聯邦基金利率走勢的「先知」。

參考1999至2022年3次利率周期軌跡，不難發現兩年期債息一旦抽升後大幅回落至低於聯邦基金利率時，意味加息周期已完結，隨後就會迎來減息周期。反之，兩年期債息急跌兼形成底部，隨後高於聯邦基金利率，之後明顯上揚，往後聯儲局大有機會「追落後」加息。

按2023年兩年期債息已低過聯邦基金利率走勢，意味本輪加息周期已近尾聲，隨後聯儲局大有機會將開始減息。

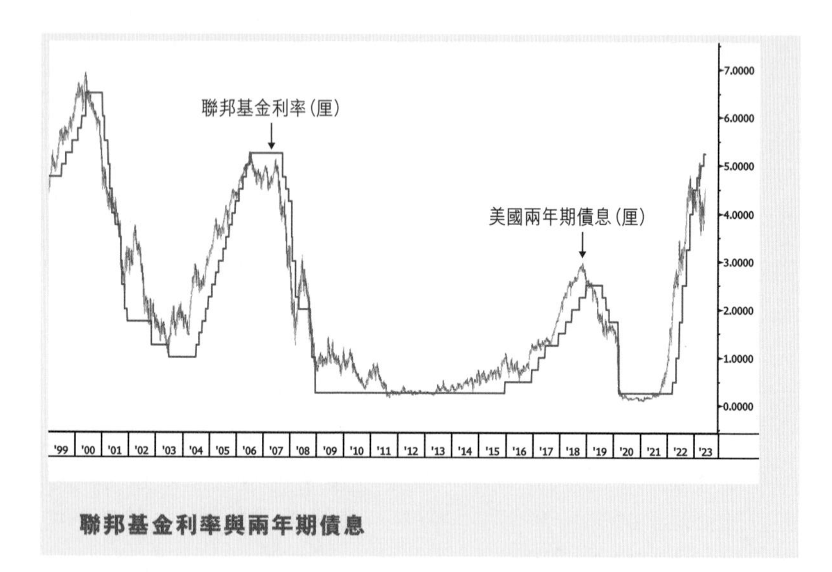

聯邦基金利率與兩年期債息

然而股市投資者對減息不應太興奮，因自1999年後每次減息周期，即2001年、2007年、2020年，標普500指數分別由高位大跌49.3%、57.7%和35.4%。

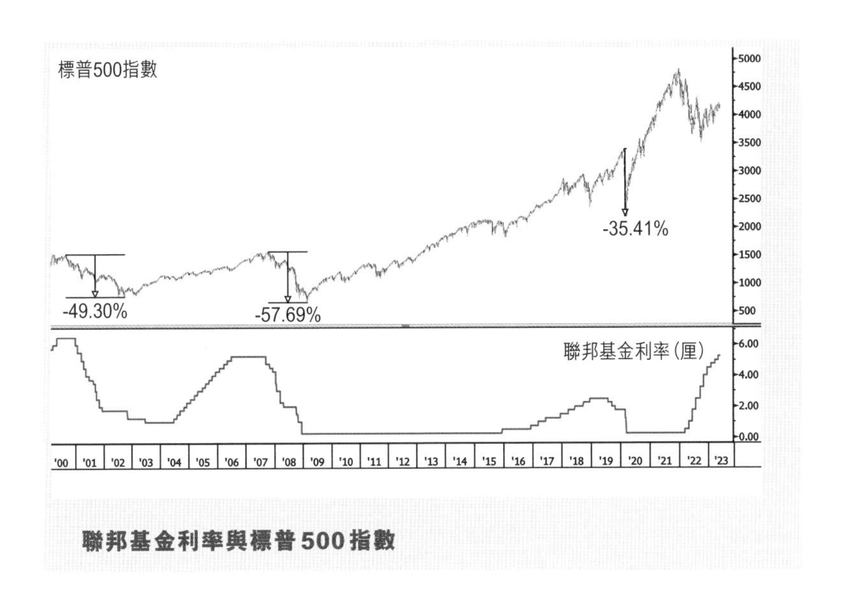

聯邦基金利率與標普500指數

相反，由於聯儲局開始減息會對債券價格有利，參考2008及2019年減息周期，ishares 20年期以上美國國債ETF（TLT）價格分別大升30.6%和49.3%，明顯遠遠跑贏標指，因此進入減息周期開始時，謹記不應部署入股市，而是大舉掃入長年期國債ETF。

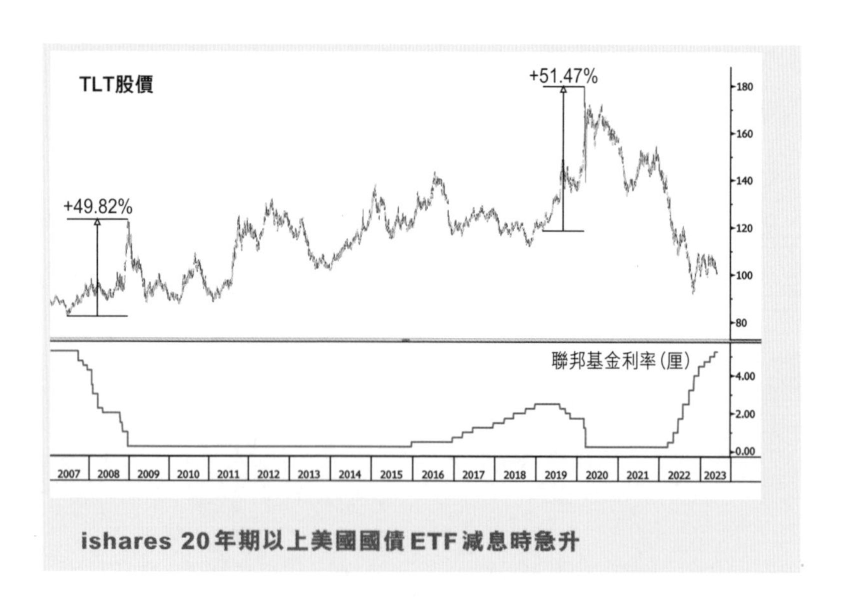

ishares 20年期以上美國國債ETF減息時急升

3/ 買金定買股？

二次大戰後美元地位超然，各類商品先後以美元計價，令美元成為全球最大交易量貨幣，但近年美國金融危機連番爆發，聯儲局無奈要擴大資產負債表抵消債務，有網站估算，按2000年每100美元的購買力，到2022年只值59.46美元，即大貶超過四成。

對沖美元下跌風險，理應用美滙指數最大佔比的歐羅較划算，但歐羅也有自身問題，單是要統一歐盟成員國意見已是一大難事，加上英國「脫歐」亦埋下歐羅信心危機炸彈，何況「歐豬國」債務亦不輕，例如意大利債務佔GDP達135%，因此，歐羅亦不算安全資產。基於此角度考慮，黃金便成為對沖主要貨幣下跌的重要工具。

道指黃金比率堪參考

衡量黃金平定貴，市場普遍採用道指黃金比率（Dow-to-Gold Ratio），該比率是以道瓊斯工業平均指數除以每盎斯美元黃金的讀數，以2023年3月31日道指收報32859點及金價1980美元計算，道指黃金比率為16.6倍。

該比率對投資者具一定參考性。回顧1920至2023年，道指黃金比率平均處於11.9倍水平，意味道指黃金比率高於11.9倍黃金便屬抵買，反之，便是買美股會比黃金好。

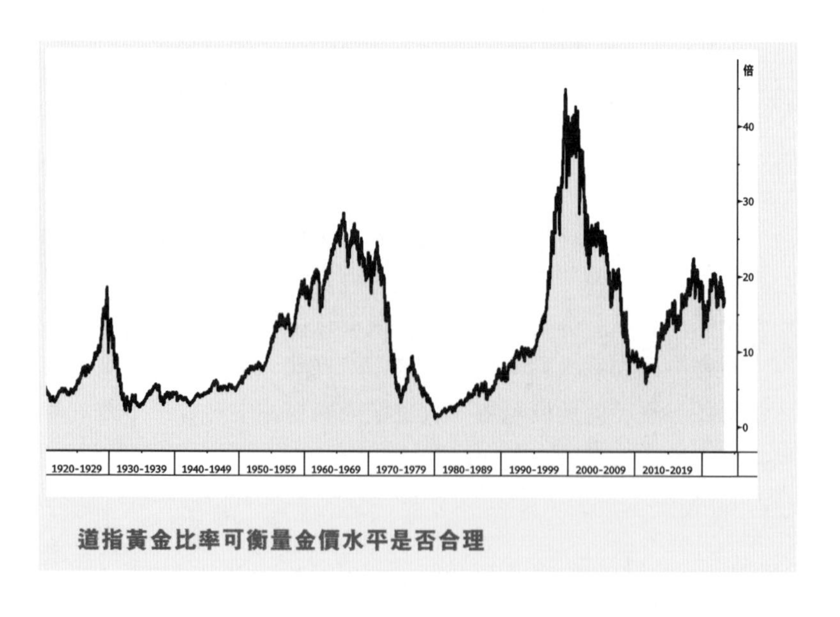

道指黃金比率可衡量金價水平是否合理

就以上述3月底數字判斷，道指黃金比率處16.6倍，即高於過往平均，意味買金比美股好，假設道指仍處於32859點不變，按此比率推算，金價合理值應為每盎斯2761美元。

回顧美國石油危機滯脹年代，道指黃金比率在1980年曾挫至史上最低的接近一兑一水平，即是若以道指32859點計，理論上金價會攀至3萬美元以上，故黃金大好友認為金價仍可再攀升超過10倍。

現實投資市場環境之中，指數非一成不變只「企定定喺度」，更何況道指黃金比率跌回到一兑一水平亦過於極端，較為合理是假設道指由2022年12月13日歷史高位34712點回調兩成，並以9倍道指黃金比率計算，金價已值3085美元。

4/ 泡沫爆破首要先瘋狂

人類金融史上出現多個泡沫，遠至炒鬱金香也可以變狂熱，近至科網以至比特幣熱潮，但每個狂熱都有一套固定模式。加拿大大學教授Jean-Paul Rodrigue，便將經濟泡沫大致分為四個階段，包括：

一、隱形階段（Stealth Phase）

二、醒覺階段（Awareness Phase）

三、瘋狂階段（Mania Phase）

四、毀滅階段（Blow off Phase）

在隱形階段時期，估值/股價通常未起飛，只有聰明錢「播種」

等收成，隨後估值/股價緩慢向上，便會進入意識醒覺階段，該時期機構投資者及基金經理也開始意會及參與。由於估值/股價已令早期已「播種」的聰明投資者有一定利潤，故會出現第一個拋售潮，但基於有機構投資者參與及承接，通常估值/股價隨即會收復失地，兼且突破之前高位，更揭開進入「魚翅撈飯」瘋狂階段序幕。

在瘋狂階段早期，通常會有傳媒渲染散播威力，在貪婪推動下，引入公眾參與，令估值/股價快速甚至出現拋物線攀升，由於價值迅速膨脹，變成「唔買便呻笨」的心理，最終愈追愈高，估值大幅「離地」，通常在此時期會出現「新經濟」浪潮等字眼，但往往是見頂先兆。

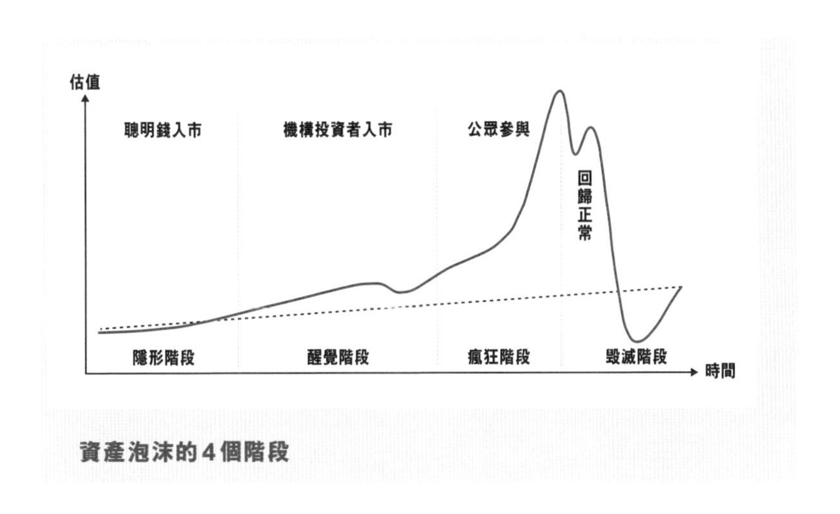

資產泡沫的4個階段

瘋狂階段過後，便是進入最危險的毀滅階段，但屆時估值/股價不會跳水式直插，反而回吐後出現反彈，但買盤未有承接，持貨者反而趁高位沽貨，在大量拋售壓力引發雪球效應，造成恐慌，才令估值/股價插水，甚至令價格低於合理水平，進入絕望階段。然而，由於估值夠殘獲投資者趁低撈貨，估值/股價回歸至正常合理水平。

按此思路代入美股走勢，絕對有異曲同工之妙。2008年金融海嘯後，隨着央行印錢，聰明資金已開始部署，進入隱形階段（2009至2013年），到2013年基金經理與機構投資者大手進場，形成市場進入醒覺階段，2018及2020年3月出現兩次熊市陷阱，但全球央行無限量寬支持，加上傳媒渲染負利率，令美股進入第三個時期的瘋狂階段。

不過，估值大幅偏離合理估值，配合聯儲局大幅加息拖累，標普500指數由2022年1月4日歷史高位4818回落，跌至2022年10月13日3491點，市場開始憧憬經濟可軟着陸，美股亦見反彈，形成牛市陷阱，但遠遠還未回升至歷史高位水平，即醒覺階段前半時期。

按此泡沫理論推測，美股2023下半年將進入恐慌拋售階段，直到估值低於合理水平的「絕望時期」才有機會回歸合理。

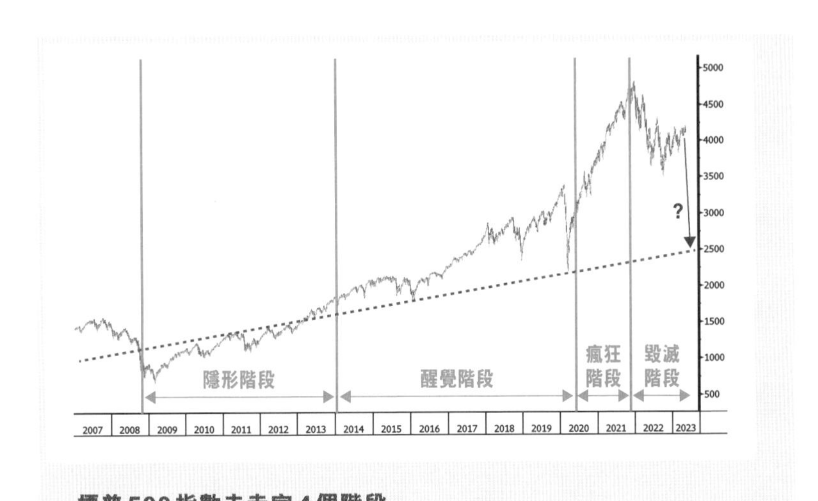

標普500指數未走完4個階段

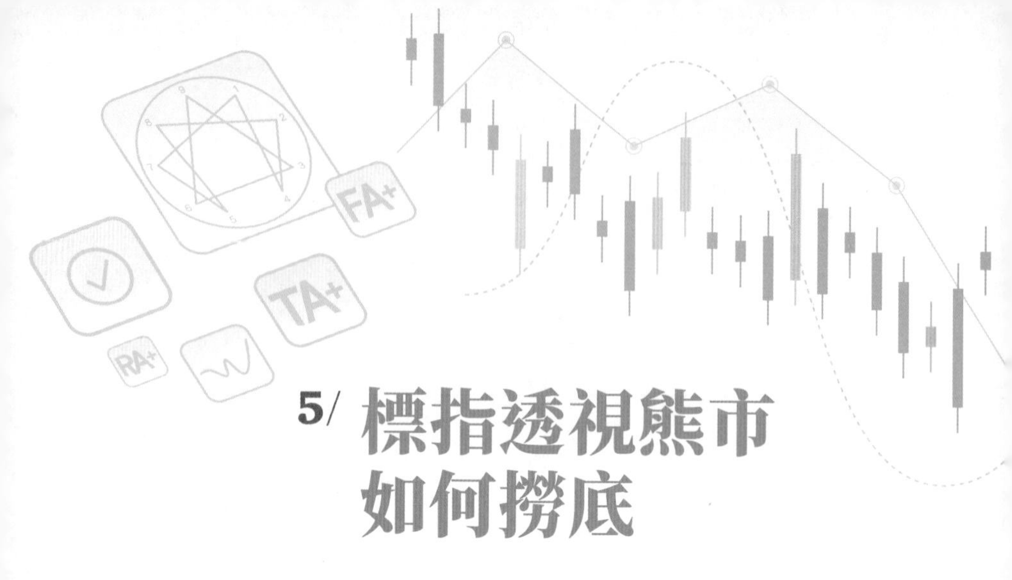

5/ 標指透視熊市如何撈底

散戶也好，基金經理也好，在股市內大家總是抱着一個願望，便是做到低買高賣，而不是高買低賣，被「割韭菜」。

要做到每單交易都可以低買高賣，説難不難，説易不易，重點除了有耐性等理想時機外，還有不受市場氣氛影響的「情緒式買入」，尤其是驚執輸的FOMO（fear of missing out）外，更重要就是回歸初心，視乎估值決定便宜抑或昂貴。

還記得2020年3月新冠疫情爆發，股市急插無水花，筆者（尹德政）已在《信報》呼籲要應趁機撈底，原因是標普500指數估值過殘，單是預期市盈率已低過30年平均值，配合指數低於200天線兩個標準差，明顯是市場過分反映恐慌情緒，只要有些微利好消息，便可引發急彈。

結果聯儲局救市宣布無限放水，標指在2020年3月23日在2191點觸底，之後水漲船高，3月23日低位「有今生無來世」，升至2022年1月4日，創4818點歷史新高後才肯回調。

筆者則早於2021年12月21日開始轉睇淡，還在另一專欄「美股歷奇」大字標題「美短債倒掛離場要快」，箇中原因隨了當時市場不信美長短債息倒掛外，更重要是估值離地，預測市盈率已攀至25倍樓上（最高更升至31.3倍），遠比均值14.1倍高，大跌實屬預期之內。

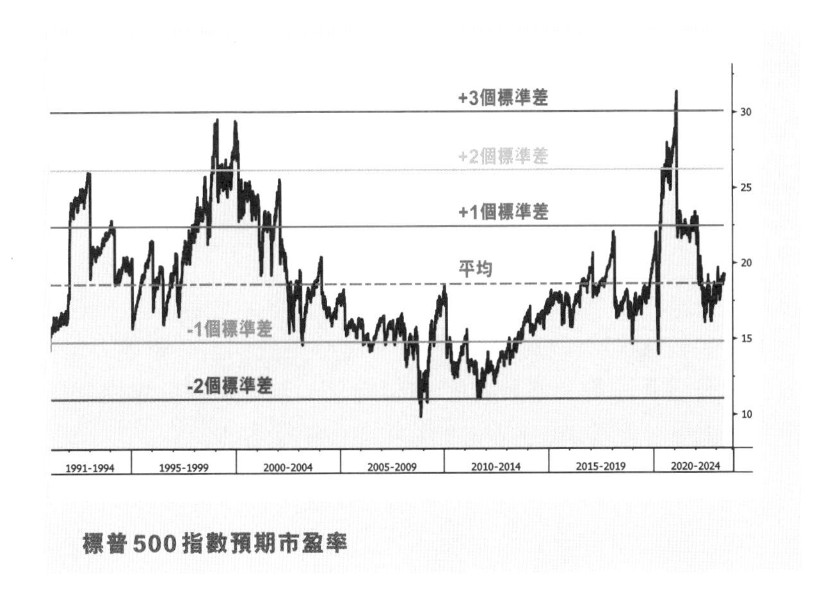

標普500指數預期市盈率

股市由高位爆破，整個2022年未走出熊市。要走出熊市，就是估值要夠平，「平」的定義就是股市要跌入低於平均1個標準差之下，按過往逾30年標指市盈率計算，低1個標準差是14.8倍左右，按目前預期每股盈利218.6美元計，即標指要跌至3200點樓下，美股才算得上平。

不過，預期每股盈利是按照企業業績好與壞，大行再作一輪調校，但在衰退之下，預期每股盈利下調居多，就以預期每股盈利打九折為例，即會降至196.74美元，14.8倍預期市盈率換算即相當於標指2911點。

靠「牛熊分界」分析

除了用估值判斷如何撈熊市底部外，「牛熊分界」200天線也是一個不錯的參考。200天線通常用作解讀市場正處於牛市與熊市，當在200天線之上為牛市，200天線之下則為熊市。

按照過百年標指數據，若指數低過「牛熊線」兩個標準差，即不足16.7%，意味市況極度恐慌超賣，是執平貨的大好時機。以5月中標普五百指數200天線在3974為例，若要跌到低過兩個標準差情況下，標指3310點以下便可以值得留意。

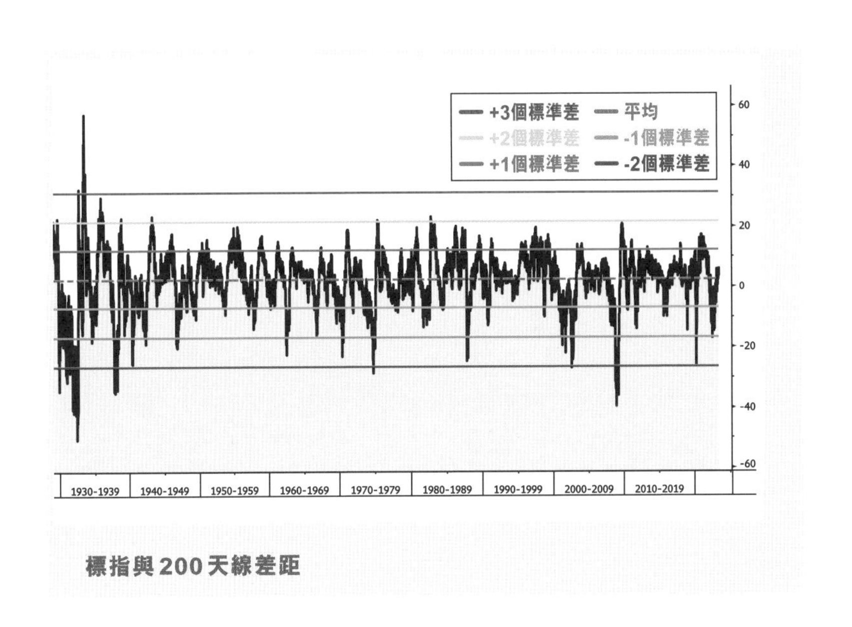

標指與200天線差距

值得留意的是，200天線會隨着時間改善而有所變動，但由於200天線移動速度會遠比10天及20天線慢，配合預測市盈率，是一個不錯的捕捉市況見底與否的風向指標。

6/ 跟股神睇日股

美國聯儲局自疫情後啟動無限量寬，不單令「發夢股」變成股王，也造就Cathie Wood登上「科技女股神」寶座，其投資旗艦ARKK的表現在2020年不單大幅跑贏標普500指數，回報更遠遠放離畢非德投資旗艦巴郡（Berkshire Hathaway），更有說法認為「股神」被長江後浪藉新經濟時代把他沖走。

時移世易，量寬連同俄烏戰爭引發高通脹，聯儲局要啟動史上最快的加息周期，令「發夢股」美夢爆破，ARKK股價由2021年起連續兩年急跌，相反信奉價值投資法的畢非德，巴郡不單未有被大浪沖走，更逆流而上連續兩年錄得正回報，若計及2020至2022年總回報，巴郡股價累升38%，更跑贏標普500指數（共升18.8%）；相反，ARKK雖則2020年大升近1.5倍，但2021年及2022年卻分別跌凸，3年過去最後發了一場夢，最終是共跌37.6%。

巴郡、ARKK及標普500指數2020至2022年表現

	巴郡A股	ARKK	標普500指數
2020	+2.4%	+1.48倍	+16.3%
2021	+29.6%	-24%	+26.9%
2022	+4%	-67%	-16.4%
2020至2022年累計	+38%	-37.6%	+18.8%

在漫長的熊市之中，巴郡仍交出一個亮麗成績，證明股神寶刀未老，令投資市場再度燃起對他投資部署的興趣。2023年4月，畢非德親訪日本，表明將繼續持有當地五大商社，更會擇機加大當地投資，立即掀起投資者對日本尋金熱潮。

日本為巴郡美國以外最大投資，自2020年8月披露持有五大商社股權後，連股息計已有1倍甚至是3倍以上回報。

巴郡持有日本五大商企表現

商事	2020年8月至 2023年3月連同股息回報
丸紅	3.3倍
三井物產	1.9倍
三井物產	1.5倍
住友商事	1.35倍
伊藤忠商事	1.1倍

過往日本經濟被判斷為「迷失30年」，但從世界銀行數據中觀測，北亞地區人均國內生產總值（GDP per Capita）最高依然是日本，反映當地經濟韌性高。

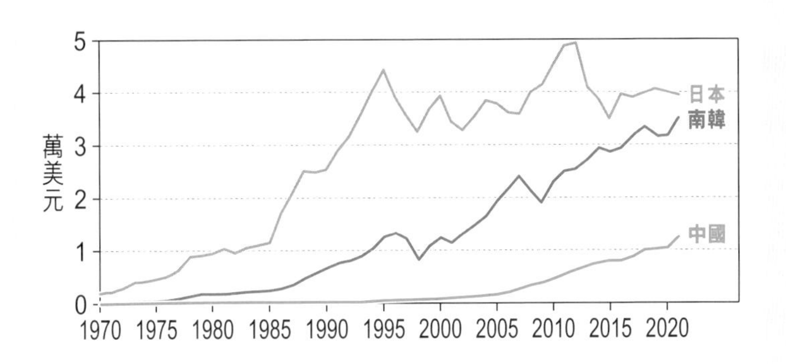

中日韓1970至2022年人均國內生產總值比較

日本市場絕對有獨特之處，特別是工業、電子與化工方面，主因是日本人追求完美，以工匠精神方式精雕細琢，造就一大堆高端智能工業企業，除了汽車龍頭豐田外，以下行業及股份亦值得留意。

一、工業機械人股

ChatGPT激活人工智能（AI）題材股份，AI好比人類腦袋，但只有腦袋難成事，配合手腳便可變身成機械人。全球四大工業機械人廠商包括瑞士ABB、已被中國美的收購的德國庫卡（KUKA），餘下兩間都是日本企業，包括發那科

（FANUC）及安川電機（YASKAWA）。

機械人更上游的精密減速器市場日企更已搶先高地，哈默納科（Harmonic Drive Systems）與納博特斯克（Nabtesco）共霸佔市場75%。

二、半導體

在半導體領域中，投資者總第一時間便聯想起台積電與輝達（Nvidia），但日本半導體企業絕對能媲美台灣，以至歐美企業，就以索尼（Sony）為例，別誤以為只有遊戲機PlayStation及娛樂事業Sony Music，其半導體業務亦相當出色，單是手機及車用CMOS影像感測器（CIS、CMOS Image Sensor），已獨攬全球市佔率四成。

此外，多層陶瓷電容器（MLCC）也是日系企業天下，村田（Murata）、TDK、太陽誘電（Taiyo Yuden）市佔分別達25%、21%、10%，即合共56%。日本瑞薩電子（Renesas）則是汽車微控制器市場第一大龍頭。

三、半導體設備

日本半導體商在晶片領域有一定實力外，相關設備股也不容忽視。Tokyo Electron為全球第三大半導體設備商，規模只

是美國應用材料（Applied Materials）及荷蘭ASML之後。主打清洗機的日企SCREEN，則是全球第六大晶片設備廠商。

四、化工

晶片製造過程中，涉及多類高純度化學消耗品，日企信越化學（Shin-Etsu Chemical）便是行業龍頭，該公司在光刻膠、矽樹脂、甲基纖維素等領域為行業佔據頭五大位置外，與勝高（SUMCO）更是全球半導體硅片商最重要兩大龍頭企業，霸佔全球半壁江山。

7/ 人工智能ETF 咪亂買

疫情後央行無限放水救經濟，結果通脹肆虐，聯儲局2022年春季起變陣由放水減息改為收水兼加息，最終引發股債雙殺，當中科技股最傷，納指當年大瀉33.1%，「科技女股神」Cathie Wood旗艦ARKK同期更重挫66.7%。

不過，踏入2023年第一季科技股迎來轉機，納指與ARKK分別反彈16.8%和29.1%，除了市場估計衰退臨近息口將見頂外，由OpenAI推出的聊天機械人ChatGPT突然爆紅，令一大堆相關科技股突有買盤追捧，OpenAI大股東微軟2023年首季股價升逾兩成，圖像處理器（GPU）股王輝達（Nvidia）同期更狂飆九成。

ChatGPT當旺，連人工智能ETF也變相獲得追捧，按資產管理規模（AUM）最大就是Global X Robotics & Artificial Intelligence ETF（BOTZ）。字面睇該ETF應該「食正」由

ChatGPT衍生出來的人工智能巨浪，但實情是押錯注，原因是持股之中除了輝達外，頭十大持股大多數與ChatGPT概念無關，例如ABB、Fanuc、Yaskawa、Keyence、歐姆龍（Omron）等等，全部都是歐日系工業自動化設備股。

市面上，目前未有一隻ETF可真正完全捕捉人工智能及ChatGPT熱潮，投資者唯有自制股份組合，以下股份可供大家參考。

一、港股

百度（09888）：推出人工智能產品「文心一言」

阿里巴巴（09988）：
大型語言模型「通義千問」，天貓、釘釘、淘寶、盒馬等將接入「通義千問」

商湯（00020）：
「日日新」（SenseNova）大模型體系，涵蓋自然語言處理（NLP）、圖片生成、自動化數據標註等多種大模型和功能

美圖（01357）：
推出AI ART，用家上傳照片後，透過軟件自動生成漫畫風格圖像

上海復旦（01385）：
產品包括人工智能主要應用的可編程（FPGA）晶片。

二、美股

微軟（MSFT）：
OpenAI大股東，整合Office應用的ChatGPT AI工具Copilot

Alphabet（GOOG）：
ChatGPT底層技術來自Google的Transformer，同時發明機器學習主流軟件TensorFlow

輝達（NVDA）：
內容生成（AIGC）主要依靠GPU，輝達在GPU市場佔有率超過七成

AMD（AMD）：
全球GPU及中央處理器（CPU）第二大生產商，旗下Xilinx在FPGA晶片市場全球第一

Intel（INTL）：
旗下Altera為FPGA晶片全球市佔第二，CPU則市佔率踞首位

美光（MU）：
記憶體DRAM是GPU的「好拍檔」，美光為全球第三大DRAM生產商

台積電（TSM）：
為輝達及AMD等生產高端晶片

三、韓股

三星電子：
全球最大DRAM生產商

SK海力士：
全球第二大DRAM生產商

8/ ChatGPT這樣回答這些問題

其實現在寫一本財經書籍，可能都要利用人工智能（AI）代勞，大量省卻人力及時間，但我沒有這樣做，因為我們目前仍然相信AI在股票投資領域上，最少仍然缺乏實戰經驗及心得，不能做到切合時勢，具人性化的參考工具書。

正如馬雲説，ChatGPT這一類技術只是AI時代的開始。我們要用AI去解決問題，而不是被AI所控制，雖然人的體力、腦力比不過機器，但機器只有「芯」，而人則有「心」。

雖然如此，我們於2023年3月底，向AI聊天機械人POE ChatGPT請教了以下6條問題，且看它有多強，如何幫到我們？

一、AI會有一天取代股票分析師嗎？即投資者只需提出問題，AI便能分析上市公司是否具投資價值？

POE：
AI已經在許多領域展現出強大的分析能力，包括股票分析。然而，現階段AI還無法完全取代股票分析師。

股票分析需要多方面的知識和技能，包括財務分析、產業研究、市場趨勢分析、風險控制等等。AI目前還無法像人類一樣綜合考慮這些因素，並且在處理非結構化數據時也存在一定的限制。

此外，AI存在着「黑箱」問題，即難以解釋其分析過程和結果，無法提供人類判斷和決策的過程。這對於投資者來説是一個風險，因為他們需要知道分析的過程和基礎，以便做出更明智的決策。

因此，我們可以預見，在未來相當長的一段時間內，股票分析師仍然會有其存在的必要性。但是，隨着AI技術的進一步發展和進步，AI將成為股票分析的重要工具之一，可以幫助股票分析師更快速、更精確地做出分析和預測。

二、構建一個可以每年擊敗市場的投資組合，告訴我這個組合持有哪些股票？

POE：
我很抱歉，作為一個AI模型，我無法提供直接的投資建議。投資是一個複雜的過程，創建一個能夠每年擊敗市場的投資組合，需要深入分析並運用投資學理論和技巧，無法單純給出哪些股票可以構建這樣的組合。

投資組合需要根據個人的風險承受能力、投資目標、市場環境等多方面因素進行定制。建議投資者在選擇投資組合時應該謹慎分析，並且考慮多種投資方式，如股票、債券、基金等。

三、九型人格當中，哪幾個型號的人較適合股票投資，什麼型號不適合呢？

POE：
九型人格理論主要是一種人格分類理論，並不是一種用於投資建議的科學模型。因此，不能單憑九型人格來確定哪些人適合股票投資。

沒有一個特定的九型人格是不適合股票投資的，但是每種人格類型都有不同的優缺點和風險承受能力。例如，情感較為穩定、冷靜理性的人可能更適合進行股票投資，而情感較為波動、容易受到情感影響的人可能需要更謹慎地考慮股票投資。

四、一個稱職的財經評論員應該有哪些特質？

POE：
一個稱職的財經評論員需要擁有深厚的財經知識和專業技能，能

夠對市場動態、公司業績和行業發展進行分析和預測。同時，他們需要具備良好的溝通能力，能夠清晰地表達自己的觀點和意見，並且能夠清楚地解釋複雜的財經問題。此外，財經評論員需要具備獨立思考的能力和高度的職業操守，保持客觀和公正。

五、如何判斷股市處於牛市或熊市，告訴我有哪些標準？

POE：
股市處於牛市或熊市可以通過多種指標來判斷，例如股價指數、市盈率、市場情緒等。一般來説，當股價指數上漲、市場情緒樂觀、市盈率偏高時，股市處於牛市；而當股價指數下跌、市場情緒悲觀、市盈率偏低時，股市處於熊市。

需要注意的是，股市牛市和熊市的判斷並不是非常明確和一致的，也不是一成不變的。不同的投資者和分析師可能會有不同的判斷，並且市場趨勢也可能隨時發生變化。因此，投資者應該密切關注市場動態，及時調整投資策略，以應對市場變化。

六、美國利率周期，與股市表現是否有着一定的相關性呢？

POE：
美國利率周期和股市表現之間存在一定相關性，但是這種相關性並不是絕對的。一般來説，當美國利率上升時，股市可能會出現調整或下跌，因為高利率對企業的借貸成本和消費者的信貸利率產生負面影響，進而對企業盈利和消費者支出產生壓力。相反，當利率下降時，股市可能會上漲，因為低利率可以刺激企業投資和消費者支出，提高企業盈利和股市表現。

但是，需要注意的是，美國利率周期和股市表現之間的相關性也受到其他因素影響，例如經濟基本面、全球經濟環境、政策變化等。此外，不同行業和公司對利率變化的反應也可能不同，因此投資者需要綜合考慮多種因素，而不僅僅是利率變化。

好了，看完AI聊天機械人的解答，是否覺得認真有板有眼呢！你跟AI多聊，它可能之後答得愈聰明及實用。科技實在一日千里，AI聊天機械人日後是否做到即時股票分析，甚至策略上包括買入止賺止蝕建議，又或者做到全自動的AI操盤，我們拭目以待吧！

9/ 港股十年周期，2027機不可失？

恒生指數於1964年面世，至今縱橫港股59年，潮起潮落。作為老股民，最喜歡久不久就把10年周期即「逢七必災」搬出來玩味一番，包括1987年停市股災、1997年亞洲金融風暴、2007年及2008年美國次按風暴引發的金融海嘯、2017年恒指大升36%後，2018年1月底創出33484的歷史新高，之後中美貿易戰開打，拖累港股下半年急挫。總之，港股每每在「7字年」見頂大跌，「逢七必癲」！真的很期待2027年恒指會否創出另一個歷史新高。

世上沒有水晶球，股市每次大升大跌都有其觸發點，我當然不去作出任何預測，但會極留意2026年踏入下半年後，恒指屆時走勢有否出現一些微妙的轉向跡象，好讓我及時部署，迎接大升市。

參考恒指周線圖，2016年8月初變動率指數ROC（30）明顯升穿0中軸，與此同時，恒指升上30周線及50周線之上，之後30周線向上發展，符合了史丹溫斯坦所謂的「第二階段」，最終由大概22000點攀至2018年1月29日33484點歷史新高，累漲五成二。其後恒指見頂回落，2018年6月中之後更明顯跌穿30周線，差不多相同時間周線ROC亦插穿0中軸，確認牛市結束，當時約是29300點，仍然捕捉到這段高達7300點或33.2%的升幅。

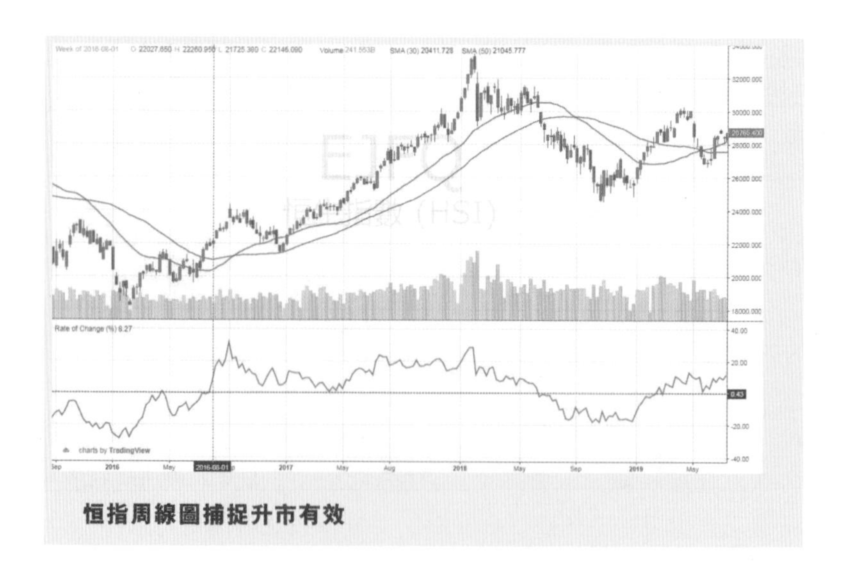

恒指周線圖捕捉升市有效

奇門測恒指2027創新高

精於「奇門」的著名玄學家李健麟於《信報月刊》2023年1月號的「癸卯兔年運勢」特輯內撰文，以奇門預測恒指走勢。重要內容節錄如下：

按《百年觀察陣列》的空間與時間的節律，迴歸分析恒指，有以下所得。1983年、2003年(2023年)是20年一遇的底部轉折點。1967年、1987年、2007年（2027年）是20年一遇的歷史頂部的轉折點。1980年至1983年，恒指跌63%，而1984年至1987年轉折上升530%，形成高頂。2000年至2003年恒指跌54%，2004年至2007年轉折升380%，形成高頂。2020年至2022年10月28日，恒指從2021年2月高點31183點挫至2022年10月31日14597點，跌53%。可以大膽預測，2024年至2027年恒指轉折上升，在2027年形成高頂。

正如作者於該文章末段所預測，2022年10月31日已見第一底的14597點，2023年將出現第二底，會屏息以待下半周期的4年上升，迎接2027年恒指新高頂的到來。

總結/ 必看！還有更多的投資要點

來到了這本書的尾段，我們從基本面、技術面、心理面這三方面作出一些總結與提示。

一、基本篇

- 由上而下（Top-Down Approach）的分析方法重視「擇時」，由下而上（Bottom-Up Approach）重視「選股」，兩種方法並不互相排斥，建立多元化投資組合時，結合兩者或許是相對有效率的過程。

- 作為「趨勢投資」，宜遵循以下步驟：（1）觀察市場指標以判斷整體趨勢；（2）用行業寬度及輪動圖（RRG）檢視各個行業，以確定你將投資哪幾個板塊。（3）從表現最好的行業板塊中選出擁有最大上升潛力的股票。

- 股價升得多不代表昂費，跌得深不代表便宜，觀察估值區間圖對操作大中型股很有幫助。總之，「跌到好低」不是買入的理由。

- 切勿在某公司業績公布前持重倉，即使公布前見價量異動造好，也不應一廂情願解讀為有「春江鴨」偷步炒上，並以為業績一定好過預期。

- 對於業績公布期前未有發出盈利預警或預喜的公司，要特別小心對待。

- 遠離高負債的股票，即使它能維持派息。

- 當股價已升至超出分析員平均目標價時，再急升的概率其實已不高，即使你仍想高位追入，必須注意控制注碼。

- 不要忽視股價處於上升趨勢，同時持續進行回購的股票。

- 不宜過分解讀單日的「北水」（經「港股通」入市的資金）數據，以及沽空數據。

- 建構自己的交易系統要考慮四方面：進攻性、防守性、穩定性、操作性。

二、技術篇

- 「走勢說明了一切」是種有效市場哲學，所有已知的、被關注的基本面訊息都已經綜合反映在股價之中，我們不可能在這些訊息引起股價變動前就發現他們，當發現時可能已經太遲了。你也不能在一百個傳言中都準確估計哪個是真的。

- 技術指標能提高你正確分析的概率，技術分析學到最後還是要賭，因為趨勢是無法準確預測的，你唯一能控制的就是這一把賭多少，長期勝敗始終要看風險管理和注碼控制的功夫。

- 任何技術指標分析都不適用低市值及交投飄忽的股票上。

- 大勢就是主要指數或某隻個股的周期，所有能出現大幅上漲的個股，在周線形態沒有走好的情況下，想要大幅上漲都是天方夜譚的事。

- 不要過分沉迷於研究策略優化，例如指標參數回溯測試；所謂優化往往只是「曲線擬合」（Curve fitting），就是通過調整策略去適應一個已經發生過的歷史，這種策略若放在未來，回報隨時大幅走樣。

- 嘗試用「背馳訊號」作入市框架要極為小心，因為會經常遇到「過早入市」（好倉/淡倉）的問題，你看到的完美例子往

往都是事後孔明。

- MACD被喻為「技術指標之王」，見仁見智，不妨以周線MACD突破訊號，配合指數或股價是否高於30周線，效果往往更佳。

- 一些技術形態的分析方法，比如「尋找市場中出現頭肩頂形態」，判斷上是非常主觀的，而且很難量化，故可能不被量化交易者使用。

- 經常看到各個時間周期的走勢是相反的，小周期中升勢有時在大周期是調整，小周期中趨勢突破的失敗，可能是大周期調整結束的進場點；日線指標出死亡交叉，周線卻現黃金交叉。如何做到順勢？你做小時圖作為核心交易時間框架，就把日線圖視為大周期，不要從月線圖直接越過周線而跳到日線圖或小時圖去看。

- 作為中長期投資者，月線看大勢，周線助選股，日線定時機。

三、心理篇

- 「能看透兩天行情，便富可敵國。」股市的本質，就在於不可預測性；要在股市中生存，需要對市場充滿敬畏，不要去做太多的預判。

- 錯誤是最好的老師，相反，你從成功中可學不到什麼。

- 學習是改變自己的根本，你變了，一切就變了。人生最大的價值，就是完善自我。

- 損失不是運氣不佳造成的，而是源自錯誤的分析。

- 市場沒有專家，只有贏家和輸家。投資者要有一雙懷疑的眼睛，凡是自稱能夠預測股市/股價的人都是説謊者。

- 「投資，就是讓金錢為我們工作。」但是，下跌的股票是無法為我們工作的。中長期投資十分重視趨勢的判斷，一旦誤判，隨時萬劫不復。適時止蝕，就成了投資者一大課題。

- 所謂「眾地莫企」，太多人聚集的地方其實並不安全，「擁擠交易」（Crowded Trade）往往就是轉向前的警號。

- 不要出現一點下跌就覺得是莊家出貨，散戶每天都有太多的陰謀論，股市不是像大家想像的那樣神秘，只是大家沒有掌握到合適的方法而已。

- 可能你對每次交易看起來都是最重要的，只能成功不許失敗。你愈是看重單筆交易，就愈不容易承認失敗。你應該把交易視為整體，是由一系列個別交易串聯起來的無止境程

序，根據輸贏比率、風險回報關係，評估交易的成功程度，這才是正確的方法。可以避免過度誇大單筆交易的重要性。因此更容易在必要時認輸。沒有任何單筆交易可以重要到犧牲你所有的心思、時間、金錢。

- 「平常心」是可以透過訓練出來的，不是説你不用在乎，而是放下預設的期望值，單純的把該做的事情做好，坦然面對結果，因為世界上還是有「運氣」的成份存在，這我們誰也無法控制。

- 股票交易有如運動比賽，要向傑出運動員學習。香港「女飛魚」何詩蓓在東京奧運賽後講過，比賽80%是跟心態有關，僅20%是與體能訓練有關。

作者	羅崇博、信報分析團隊
編輯	吳桂生
設計/美術	Garfield Tseng
出版經理	李海潮、黃詠茵
圖片	istock photo、信報財經新聞有限公司
出版	信報出版社有限公司 HKEJ Publishing Limited 香港九龍觀塘勵業街11號聯僑廣場地下
電話	(852) 2856 7567
傳真	(852) 2579 1912
電郵	books@hkej.com
發行	春華代理發行有限公司 Spring Sino Limited 香港九龍觀塘海濱道171號申新証券大廈8樓
電話	(852) 2775 0388
傳真	(852) 2690 3898
電郵	admin@springsino.com.hk
	台灣地區總經銷商 永盈出版行銷有限公司 台灣新北市新店區中正路499號4樓
電話	(886) 2 2218 0701
傳真	(886) 2 2218 0704
承印	美雅印刷製本有限公司 香港九龍觀塘榮業街6號海濱工業大廈4樓A室
出版日期	2023年7月初版
國際書號	978-988-76644-4-4
定價	港幣168 / 新台幣840
圖書分類	金融理財、工商管理